# 인도네시아어 표준 교재 A1

본 교재는 2018년 정부(교육부 국립국제교육원) '특수외국어교육 진흥 사업'의
지원을 받아 수행된 결과입니다. (CFL-한국외-2018-마인-C-1)

Apa kabar?

Buku Standar
Bahasa Indonesia

# 인도네시아어 표준 교재

김장겸

A1

Apa ini?

Baik baik

HU:iNE

Kata Pendahuluan

# 머리말

최근 동남아와 인도를 중심으로 한 신남방정책이 주목을 받고 있다. 이는 미국, 중국에 이어 인도와 동남아가 우리의 경제, 산업, 투자, 인적, 문화 교류지역으로서의 새로운 대안으로 떠오르고 있음을 의미한다. 우리나라가 지속적인 경제발전과 수출, 그리고 인적교류를 증진시키기 위해서는 결코 간과할 수 없는 중요한 지역이다. 이 동남아지역은 인구 6억 5천만 명에 11개국을 포함한 아세안 경제공동체로서 높은 경제 성장률을 달성하고 있으며, 우리나라의 산업과 보완적인 관계에 있을 뿐만 아니라 한류의 열풍이 강하게 불고 있다.

아세안 경제공동체의 맹주인 인도네시아는 풍부한 자원과 노동력을 바탕으로 경제대국으로 발돋움하고 있으며, 조코위 대통령의 산업 인프라(지하철, 고속도로, 항만, 전력, 통신, 서비스) 구축 정책에 힘입어 경제 산업 환경이 빠르게 개선되고 있다. 또한 조코위 대통령은 대선 공약에 따라 신행정수도를 동부 칼리만탄에 건설할 계획을 세우고 있다. 이런 인도네시아의 변화 추세에 힘입어 한국과 인도네시아 간의 투자 및 교역, 그리고 인적교류가 활발히 증가하고 있어 한국에 대한 인도네시아인들의 관심과 인도네시아에 대한 한국인들의 관심이 높아지는 추세이다. 이런 양국관계를 연결하고 증진하는 것이 바로 의사소통수단인 한국어와 인도네시아어라고 할 수 있다.

특수외국어교육 진흥 사업의 일환으로 교육부의 지원을 받아 개발된 『인도네시아어 표준 교재 A1』은 기존의 인도네시아어 교재와는 달리 읽기, 말하기, 듣기, 쓰기 등의 상호 연계성과 통합성을 강화한 교재이다. 단원마다 실생활 속에서 가장 많이 사용되는 기본문형과 활용문형을 통해 더욱 쉬운 문장 구조로 학습할 수 있도록 꾸몄다. 읽기는 각 단원의 제목에 일치하는 내용을 대화형식과 지문형식으로 구성하였다. 그 대화와 지문형식에 나오는 기본적인 문법을 알기 쉽게 예시를 통해 설명하였다. 말하기, 듣기, 쓰기 등은 읽기에 나오는 표현을

반복적으로 활용하여 응용력을 기르도록 구성하였다. 또한 각 단원의 읽기, 듣기, 말하기, 쓰기에 등장하는 어휘들을 기본어휘와 활용어휘로 구분하여 사전 없이도 학습할 수 있도록 배려하였다. 이 인도네시아어 표준 교재는 표준교육과정에 의거하여 초급 수준의 A1에 이어 향후 인도네시아어 표준(A2), 중급 수준의 인도네시아어 표준(B1, B2), 고급 수준의 인도네시아어 표준(C1, C2) 등의 시리즈 인도네시아어 표준 교재로 집필될 것이다.

사실, 이 『인도네시아어 표준 교재 A1』은 인도네시아어를 배우는 학생들뿐만 아니라 인도네시아어를 배우고자 하는 일반인들을 대상으로 집필하였다. 이 점을 고려하여 혼자서도 충분히 인도네시아어를 단계별로 학습할 수 있도록 기초적인 내용을 다루고 있다. 이 교재를 집필하는 데 이주영 박사, 조민성 박사의 도움이 컸음을 밝혀두며, 고영훈 교수님, 이반 교수님, 이연 교수님, 우미 교수님께서 감수를 봐주신 덕분에 부족한 교재가 더욱 완성된 교재로 출판할 수 있게 되어 감사드린다. 그리고 한국외대 지식출판콘텐츠원 이근영 선생님께도 감사의 마음을 전한다.

2019년 11월

저자 김 장 겸

# 일러두기

『인도네시아어 표준 교재 A1』은 한국에서 인도네시아어를 배우는 학생들뿐만 아니라 인도네시아어를 배우고자 하는 일반인, 그리고 인도네시아에 진출한 한국인들을 대상으로 개발하였습니다. 인도네시아어를 발음부터 기본적인 어휘, 문형, 문법 등을 체계적으로 학습할 수 있도록 알기 쉽고 재미있게 삽화를 활용하여 꾸몄습니다. 이 교재는 의사소통 능력을 끌어올릴 수 있는 실질적인 통합교재로 구성하였습니다.

## 집필 방향

인도네시아어 표준 교재는 초급(A1, A2), 중급(B1, B2), 고급 (C1, C2) 등 단계별 수준 차이를 바탕으로 각 교재의 단원별과 영역별의 연계성과 통합성을 고려하였습니다. 초급 1단계인 『인도네시아어 표준 교재 A1』은 표준교육과정에 기초하여 집필하였고, 처음 인도네시아어를 접하는 학습자들이 혼자서도 충분히 학습할 수 있도록 꾸몄습니다.

## 교재 구성

- 본 교재는 인도네시아어 표준 교재 시리즈로 처음 집필된 초급 A1 교재로서 13개의 단원으로 구성되어 있습니다. 첫 단원이 시작되기 전에 각 단원의 구성을 일목요연하게 파악하고 학습할 수 있도록 제목, 학습목표, 문법, 핵심 표현 등이 제시되어 있습니다.

- 이 교재는 각 단원의 제목에 관련된 내용을 바탕으로 읽기, 말하기, 듣기, 쓰기의 영역이 통합되어 연계성을 띠고 있습니다. 각 단원에 노출된 기본어휘와 활용어휘, 그리고 기본문형과 활용문형을 통해 인도네시아어를 혼자서 학습할 수 있도록 꾸몄습니다. 본문의

내용을 정확하게 파악하고 있는지를 점검하기 위해 질문사항을 넣었고, 본문 내용을 가지고 말하기를 연습할 수 있도록 구성하였습니다.

- 이 교재는 초급교재이기 때문에 읽기, 말하기, 듣기, 쓰기의 내용을 쉽게 이해할 수 있도록 삽화를 사용했으며, 특히, 기본어휘 및 활용어휘도 관련 삽화나 그림을 활용하였습니다.

- 문법은 본문 읽기에 노출된 문법 사항을 알기 쉽게 설명하고, 예시를 통해 학습할 수 있도록 구성하였습니다.

Daftar Isi

# 차례

## A1 교재 구성표

| 단원 | 제목 | 학습목표 |
|---|---|---|
| | 인도네시아어<br>알파벳과 발음 | - 인도네시아어 알파벳 익히기<br>- 인도네시아어 발음 연습하기 |
| 1 | SALAM DAN PERKENALAN DIRI<br>인사와 자기소개 | - 인사와 자기소개 관련 기본어휘 및 활용어휘 익히기<br>- 인사와 자기소개 관련 다양한 표현법 배우기<br>- 인칭대명사의 격변화, 의존형태를 이해하고, 사람에 대한 호칭과 연계사 adalah/ialah 배우기 |
| 2 | TANYA DAN JAWAB TENTANG BARANG<br>사물에 대하여<br>묻고 답하기 | - 사물에 관련된 기본어휘 및 활용어휘 익히기<br>- 지시대명사 ini와 itu 관련 표현 배우기<br>- 명사 부정사 bukan 익히기<br>- 의문사 apa, apakah로 질문하기 |
| 3 | KELUARGA<br>가족 | - 가족, 직업, 질병 관련 기본어휘 및 활용어휘 익히기<br>- 의문사 siapa 관련 표현 배우기<br>- 동사 서술문 문형 익히기<br>- 동사/형용사 부정사 tidak 배우기 |
| 4 | KEGIATAN HARIAN<br>일과 | - 시간 및 숫자 관련 기본어휘 및 활용어휘 익히기<br>- 시간과 시각에 관련된 다양한 표현 배우기<br>- 수사 및 수량사의 위치와 의미 익히기 |
| 5 | TANGGAL DAN HARI<br>날짜와 요일 | - 요일명과 월명, 그리고 명절과 관련된 기본어휘 및 활용어휘 익히기<br>- 요일과 날짜 관련 다양한 표현 배우기<br>- 시간, 가격, 전화번호 등에 사용되는 표현 익히기 |
| 6 | CUACA<br>날씨 | - 날씨 관련 기본어휘 및 활용어휘 익히기<br>- 날씨와 기후 관련 다양한 표현 익히기<br>- 의문사 bagaimana 표현 배우기<br>- 관계대명사 yang의 용법 배우기 |
| 7 | RUMAH<br>집 | - 집, 과일, 맛과 관련된 기본어휘 및 활용어휘 익히기<br>- 집과 관련된 다양한 표현 배우기<br>- 사람 또는 사물의 존재를 나타내는 동사 ada 익히기<br>- 장소, 방향, 유래 표현과 함께 사용되는 전치사 di, ke, dari 익히기 |
| 8 | MEMBELI BARANG<br>물건 구매하기 | - 물건 구매 관련 기본어휘 및 활용어휘 익히기<br>- 물건 구매 관련 다양한 표현 배우기<br>- 행위의 빈도를 표현하는 빈도부사 익히기<br>- 문장 앞에 ayo 또는 mari를 사용하는 청유 표현 익히기 |

| 문법 | 핵심 표현 |
|---|---|
| | |
| - 인칭대명사<br>- 명사 서술문<br>- 연계사 | Apa kabar? 안녕하세요? (처음 만날 때)<br>Bagaimana kabarnya? 어떻게 지내세요? (오랜만에 만날 때)<br>Selamat pagi. 안녕하세요. (아침 인사)<br>Selamat siang. 안녕하세요. (낮 인사)<br>Selamat sore. 안녕하세요. (오후 인사)<br>Selamat malam. 안녕하세요. (밤 인사) |
| - 지시대명사<br>- 형용사 서술문<br>- 의문사 apa<br>- 일반 의문문 apakah<br>- 부정사 bukan | Apa ini? 이것은 무엇입니까?<br>Apa itu? 저것은 무엇입니까?<br>Apakah itu kacamata beliau? 저것은 그분의 안경입니까?<br>Ini tas Anda? 이것은 당신의 가방입니까? |
| - 동사 서술문<br>- 의문사 siapa<br>- 부정사 tidak | Siapa orang ini? 이 사람은 누구입니까?<br>Siapa nama Anda? 당신 이름은 무엇입니까?<br>Siapa nama ayah kamu? 네 아버지 이름은 무엇이니?<br>Siapa nama adik perempuan kamu? 네 여동생 이름은 무엇이니? |
| - 의문사 berapa, kapan<br>- 숫자 | Jam berapa kamu biasanya bangun? 너는 보통 몇 시에 일어나니?<br>Jam berapa kamu ke sekolah? 너는 몇 시에 학교에 가니?<br>Kapan Anda pulang ke Indonesia? 당신은 언제 인도네시아로 돌아갑니까?<br>Jam berapa Anda makan malam dengan keluarga? 당신은 가족과 함께 몇 시에 저녁 식사를 합니까? |
| - 전치사 pada<br>- 의문사 berapa, kapan<br>- 형용사 서술문 | Hari ini hari apa? 오늘은 무슨 요일입니까?<br>Kemarin hari apa? 어제는 무슨 요일입니까?<br>Hari ini tanggal berapa? 오늘은 며칠입니까?<br>Besok tanggal berapa? 내일은 며칠입니까?<br>Hari Natal hari apa? 크리스마스는 무슨 요일입니까? |
| - 의문사 bagaimana<br>- 관계대명사 yang | Bagaimana cuaca di Korea? 한국의 날씨는 어떻습니까?<br>Bagaimana cuaca musim hujan? 우기의 날씨는 어떻습니까?<br>Berapa suhu musim dingin di korea? 한국의 겨울 기온은 몇 도입니까?<br>Berapa suhu di Jakarta? 자카르타의 기온은 몇 도입니까? |
| - 동사 ada<br>- 전치사 di, ke, dari | Apakah rumah dia ada di sebelah rumah sakit itu? 그의 집은 병원 옆에 있습니까?<br>Di mana paman Anda tinggal? 당신의 삼촌은 어디에 사십니까?<br>Anda datang dari mana? 당신은 어디에서 오셨습니까?<br>Apakah Anda pergi ke Indonesia? 당신은 인도네시아로 가십니까? |
| - 청유 ayo & mari<br>- 빈도부사 selalu, sering, kerap, kadang-kadang | Berapa harganya? 가격은 얼마입니까?<br>Mau beli apa? 무엇을 구매합니까?<br>Mas Darto, mau titip apa? 다르또 씨, 무엇을 부탁하고 싶으세요?<br>Apakah Anda selalu makan mangga? 당신은 언제나 망고를 먹습니까?<br>Mari kita makan di sini! 우리 여기서 먹읍시다! |

| 단원 | 제목 | 학습목표 |
|---|---|---|
| 9 | RUMAH MAKAN<br>식당 | - 식당 및 음식 관련 기본어휘 및 활용어휘 익히기<br>- 식당, 음식, 주문 관련 다양한 표현법 배우기<br>- 다양한 부사 익히기<br>- 불변화사 -kah와 결합된 의문사 익히기 |
| 10 | HOBI<br>취미 | - 취미 관련 기본어휘 및 활용어휘 익히기<br>- 취미 관련 다양한 표현 배우기<br>- 접두사 ber-의 결합형태와 의미파생 익히기 |
| 11 | ULANG TAHUN<br>생일 | - 생일 관련 기본어휘 및 활용어휘 익히기<br>- 생일 관련 다양한 표현 배우기<br>- 초대장 작성해 보기<br>- 접두사 ber-, 복수 표현, 부가의문문 익히기 |
| 12 | RUMAH SAKIT<br>병원 | - 병원, 신체, 질병 관련 기본어휘 및 활용어휘 익히기<br>- 병원, 신체, 질병 관련 다양한 표현 익히기<br>- 접두사 ber-의 의미파생과 부정대명사 익히기 |
| 13 | TELEPON<br>전화 | - 전화 관련 기본어휘 익히기<br>- 전화를 걸고, 전화를 받는 방법과 표현 익히기<br>- 접두사 ber-의 의미파생과 접속사 apakah 익히기 |

| 문법 | 핵심 표현 |
| --- | --- |
| - 상부사 akan, sedang, tengah, lagi, masih, sudah, telah, belum, pernah<br>- 법부사 harus, bisa, dapat, boleh | Anda mau pesan apa? 당신은 무엇을 주문하시겠어요?<br>Anda mau makan apa? 당신은 무엇을 먹겠습니까?<br>Apakah makanan ini enak? 이 음식은 맛있습니까?<br>Berapa harga sate ini? 이 꼬치는 얼마입니까? |
| - 접두사 ber-<br>- 결합형태 ber-, be-, bel-<br>- 접두사 ber-는 자동사와 결합할 때 의미변화를 일으키지 않음<br>ex bermain, berlari<br>- 접두사 ber-는 명사 어근과 결합해 '어근을 하다'란 의미를 나타냄<br>ex bekerja, berkelahi, berperang<br>-접두사 ber-는 명사 어근과 결합해 '어근에 가다/다니다'란 의미를 나타냄<br>ex bersekolah | Apa hobi Anda? 당신의 취미는 무엇입니까?<br>Apakah Anda suka berenang? 당신은 수영을 좋아합니까?<br>Apakah Anda bisa bermain piano? 당신은 피아노를 연주할 수 있습니까?<br>Apa alat musik yang Anda bisa mainkan? 당신이 연주할 수 있는 악기는 무엇입니까? |
| - 접두사 ber-는 명사 어근과 결합해 '~을 가지고 있다/~가 있다'란 의미를 나타냄<br>ex bersuami, beranak, berhak, bersaudara<br>- 명사를 반복해 복수로 만듦<br>ex buku-buku, teman-teman, orang-orang<br>- 부가의문문 bukan/kan | Hari ulang tahun Anda pada tanggal berapa? 당신 생일은 며칠입니까?<br>Kapan Anda berulang tahun? 당신 생일은 언제입니까?<br>Sekarang ulang tahun Anda yang keberapa? 지금은 당신의 몇 번째 생일입니까?<br>Apa hadiah yang diberikan ayah pada ulang tahun kali ini? 이번 생일에 아버지가 주신 선물은 무엇입니까? |
| - 접두사 ber-는 명사 어근과 결합해 '~을 타다'란 의미를 나타냄<br>ex bermobil, berkapal, berperahu, bersepeda<br>- 부정대명사는 의문사와 saja 또는 pun의 결합으로 만듦 | Apakah Anda pernah dirawat inap di rumah sakit? 당신은 병원에 입원한 적이 있습니까?<br>Anda sakit apa? 당신은 어디 아프세요?<br>Apakah Anda merasa mual dan pusing? 당신은 메스꺼움과 어지러움을 느꼈습니까?<br>Berapa kali saya harus minum obat ini? 이 약을 몇 번 먹어야 합니까? |
| - 접두사 ber-는 명사 어근과 결합해 '~이 나다/~을 낳다'란 의미를 나타냄<br>ex berdarah, beringus, berkeringat, berair mata<br>- 접두사 ber-는 명사 어근 과 결합해 '~을 경작하다, 운영하다, 가꾸다'란 의미를 나타냄<br>ex bertoko, berkebun, bersawah, berladang<br>- 접속사 apakah는 의문문의 간접화에 사용 | Bisa berbicara dengan Pak Jinho? 진호 씨와 통화할 수 있을까요?<br>Maaf, ini dari siapa? 실례이지만 누구시죠?<br>Mengapa Jinho menelepon? 진호는 왜 전화를 했습니까?<br>Siapa yang menerima telepon? 누가 전화를 받았습니까?<br>Kalau begitu, saya bisa berpesan? 그렇다면 메시지 좀 남길 수 있을까요? |

Sejarah Bahasa Indonesia

# 인도네시아어 역사

인도네시아어는 말레이족이 사용하던 말레이어의 변종이다. 예로부터 말레이어는 동남아시아에서 통용어(lingua franca)로서의 지위를 누려 왔다. 이는 말레이족의 본거지였던 멀라카(Melaka) 해협이 동서를 잇는 교통의 중심지였다는 점과 이 지역에서 발흥한 왕국들의 세력 확장에 기인한 바가 크다. 말레이어는 현재 인도네시아를 비롯해 말레이시아, 브루나이, 싱가포르에서 국어로 사용되고 있다.

말레이어 역사는 시대별로 보면 고대 말레이어, 고전 말레이어, 근대 말레이어, 그리고 현대 말레이어로 대분할 수 있다.

고대 말레이어는 불교 왕국이 융성하던 7~13세기의 말레이어이다. 이 당시 말레이어는 인도 문명의 영향으로 팔라와(Pallawa) 문자를 사용하였고, 산스크리트어로부터 많은 어휘를 차용하였다. 인도네시아 팔렘방 지역에서 발견된 크두칸 부킷(Kedukan Bukit, 683년) 비석과 탈랑 투워(Talang Tuwo, 684년) 비석 그리고 방카(Bangka)섬에서 발견된 코타 카푸르(Kota Kapur, 686년) 비석 등에서 이러한 사실을 확인할 수 있다.

고전 말레이어는 이슬람 왕국이 융성하던 14~18세기의 말레이어이다. 고전 말레이어는 아랍 문명의 영향으로 아랍어로부터 많은 어휘를 받아들였고, 아랍문자를 빌려 표기하였는데 이를 자위(Jawi) 문자라고 부른다. 말레이시아 트렝가누(Trengganu) 지역에서 발견된 트렝가누(1303년) 비석에서 고전 말레이어의 기원을 찾아볼 수 있다.

근대 말레이어는 서양 문명의 영향이 지대하던 19세기의 말레이어이다. 서양 문명이 동남아시아에 진출한 16세기 이후 말레이어는 서양 언어로부터 로마자와 어휘들을 받아들이기 시작하였다. 하지만 이러한 언어적 차용은 19세기에 보다 활발히 진행되었다. 18세기 이후 네덜란드와 영국 간 치열한 식민지 쟁탈전이 벌어지면서 양국은 말레이어 연구와 교육에 많은 관심을 갖게 되었다. 그 결과 말레이어 표준화의 기틀이 마련되었고, 더 넓은 지역으로 말레이어가 보급되게 되었다. 1824년 영화조약 이후에는 양국이 식민지 관할 구역을 나눠 가짐에 따라 영국 관할 지역(현 말레이시아, 브루나이, 싱가포르)의 말레이어와 네덜란드 관할 지역(현 인도네시아)의 말레이어 간의 괴리가 생기게 되었다.

현대 말레이어는 독립국가 건립을 성취한 20세기의 말레이어를 말한다. 20세기 초반 네덜란드 관할 지역, 즉 인도네시아에서는 독립국가 건립에 대한 열망이 싹트고 있었다. 이러한 열망은 1928년 10월 28일 청년의 맹세(Sumpah Pemuda)로 구현되었고, 이때 말레이어는 인도네시아어로 이름을 바꾸게 된다.

인도네시아어는 1945년 헌법에 국어로 규정된 후 수백 개의 지방어가 산재한 인도네시아에서 현재까지 의사소통의 언어로 두루 사용되고 있다. 이처럼 인도네시아어는 사방에서 머라우께(dari Sabang sampai Merauke)에 이르기까지 인도네시아 전 지역에서 공식어와 교수어로 사용됨으로써 "다양성 중에 통일성"이라는 국가의 정체성을 구현하는 최고의 수단으로 자리매김하고 있다.

## 인도네시아어 알파벳과 발음

### 1. 인도네시아어 알파벳

| 알파벳 | | 이름 | 발음 | 예(Contoh) |
|---|---|---|---|---|
| A | a | a 아 | /a/ | ayam, bapak, tiga |
| B | b | be 베 | /b/ | babi, sebab |
| C | c | ce 쩨 | /tʃ/ | cicak, catat |
| D | d | de 데 | /d/ | duduk, maksud |
| E | e | e 에 | /e/, /ə/ | ember, dengar, mereka |
| F | f | f 에프 | /f/ | fasih, tarif |
| G | g | ge 게 | /g/ | gajah, mega |
| H | h | ha 하 | /h/ | haus, mahal, murah |
| I | i | i 이 | /i/ | itik, siapa, hati |
| J | j | je 제 | /dʒ/ | jarak, jejak |
| K | k | ka 까 | /k/ | kurang, kakek, rokok |
| L | l | el 엘 | /l/ | lupa, selama, sambal |
| M | m | em 엠 | /m/ | makan, minum |
| N | n | en 엔 | /n/ | naik, tonton |
| O | o | o 오 | /o/ | obat, doa, soto |
| P | p | pe 뻬 | /p/ | pakai, sulap |
| Q | q | ki 끼 | /k/ | Al-Quran |
| R | r | er 에르 | /r/ | rumah, harga, luar |
| S | s | es 에스 | /s/ | sapu, hias |
| T | t | te 떼 | /t/ | tutup, sakit |
| U | u | u 우 | /u/ | uang, satu, mau |
| V | v | fe 페 | /v/ | vas, universitas |
| W | w | we 웨 | /w/ | waktu, jawab |
| X | x | eks 엑스 | /s/ | xilofon |
| Y | y | ye 예 | /j/ | yoyo, bayar |
| Z | z | zet 젯 | /z/ | zaman, zebra |

## 2. 발음 설명

### 1) 모음

① **a** : 아

apa 무엇, kata 말, cari 찾다, minta 요청하다

② **e** : 에+애

meja 책상, enak 맛있는, merah 빨강, sore 오후, krem 상아색

③ **e** : 으

empat 넷, beri 주다, besar 크다, sempat 기회

④ **i** : 이

itu 그것, ibu 어머니, babi 돼지, teliti 꼼꼼한

⑤ **o** : 오

obat 약, nomor 수, tokoh 인물, roda 바퀴, olahraga 운동

⑥ **u** : 우

ubah 바꿔다, bukit 언덕, baru 새로운, susu 우유

### 2) 이중모음

① **ai** : 아이

pantai 해변, lantai 바닥/층, sungai 강, sampai 도착하다/~까지

② **au** : 아우

atau 혹은, pulau 섬, danau 호수, engkau 너

③ **oi** : 오이

amboi 놀람을 나타내는 감탄사, boikot ~을 보이콧하다, 호위대

④ **ei**: 에이

surv**ei** 조사, g**ei**ser 간헐온천

3) 동일 모음 연쇄

인도네시아어에서는 동일 모음이 연달아 올 수 있다. 특히, 모음 /a/가 연달아 오는 경우가 많다. 동일 모음이 연달아 올 경우에는 모음 간에 성문 파열음을 발음해 주어야 한다. 즉, 모음 사이를 띄어서 발음해야 한다.

ex maaf [maʔaf]

4) 자음

① **b** : 한국어 <ㅂ> 발음

**b**uah 과일, **b**a**b**i 돼지, lem**bab** 축축한, re**b**ut 빼앗다

② **c** : 한국어 <ㅉ> 발음

**c**ari 찾다, **c**uri 훔치다, in**c**ar 드릴, pa**c**ar 애인

③ **d** : 한국어 <ㄷ> 발음

**d**atang 오다, **d**apur 부엌, pa**d**at 치밀한, pen**d**ek 짧은

④ **f** : 한국어 <ㅍ> 발음

**f**oto 사진, ha**f**al 암기하다, huru**f** 문자, tara**f** 등급

⑤ **g** : 한국어 <ㄱ> 발음

**g**aram 소금, **g**unung 산, ra**g**am 다양한, per**g**i 가다

⑥ **h** : 한국어 <ㅎ> 발음

**h**utan 산림, **h**ijau 녹색, ta**h**u 알다, ruma**h** 집

⑦ **j** : 한국어 <ㅈ> 발음

**j**umpa 만나다, **j**uga 역시, sa**j**a 단지, a**j**ak 초대하다

⑧ k : 한국어 <ㄲ> 발음

kita 우리, makan 먹다, sakit 아프다, lobak 무

⑨ l : 한국어 <ㄹ> 발음

lihat 보다, lama 오랜, malu 창피한, kapal 배

⑩ m : 한국어 <ㅁ> 발음

makan 먹다, nama 이름, tajam 날카로운, malam 밤

⑪ n : 한국어 <ㄴ> 발음

nona 아가씨, nasi 밥, tanda 표시, dan 그리고

⑫ p : 한국어 <ㅃ> 발음

proses 과정, pola 형식, lapor 알리다, tangkap 붙잡다

⑬ r : 한국어 <ㄹㄹ> 발음, 혀를 떨어주는 음

ramai 혼잡한, marah 화난, kurus 마른, bibir 입술

⑭ s : 한국어 <ㅅ> 발음

suara 목소리, sopir 운전수, rusa 사슴, rias 치장

⑮ t : 한국어 <ㄸ> 발음

tulis 쓰다, tebal 두꺼운, pantai 해변, sumpit 젓가락

⑯ v : 한국어 <ㅂ> 발음

vakum 진공, variasi 다양, lava 용암, favorit 좋아함

⑰ w : 한국어 <o> 발음

wilayah 지역, wanita 여성, tawar 흥정하다, awan 구름

⑱ **y** : 한국어 <y> 발음

yayasan 협회, yakin 확신한, ayah 아버지, sayang 가여운

⑲ **z** : 한국어 <z> 발음

zaman 시대, zakat 보시, izin 허가, juz 코란의 장 혹은 절.

5) 이중자음

① **kh** : 한국어 <흐>의 'ㅎ' 발음, 연구개 마찰음 /x/

khasiat 특효, akhir 마지막, khawatir 두려운, mutakhir 최근

② **ng** : 한국어 받침 'ㅇ' 발음, 연구개 비음 /ŋ/

ingat 기억하다, tangan 손, menangis 울다, tulang 뼈

③ **ny** : 한국어 <냐>의 'ㄴ' 발음, 경구개 비음 /ɲ/

nyanyi 노래하다, tanya 질문하다, nyonya 부인, nyamuk 모기

④ **sy** : 한국어 <샤>의 'ㅅ' 발음, 경구개 마찰음 /ʃ/

syukur 감사하다, masyarakat 사회, syarat 조건, syair 시

Pelajaran 1

# SALAM DAN PERKENALAN DIRI
# 인사와 자기소개

## Tujuan Pelajaran (학습목표)

- 인사와 자기소개 관련 기본어휘 및 활용어휘 익히기
- 인사와 자기소개 관련 다양한 표현법 배우기
- 인칭대명사의 격변화, 의존형태를 이해하고, 사람에 대한 호칭과 연계사 adalah/ialah 배우기

### 핵심 표현

Apa kabar? 안녕하세요? (처음 만날 때)
Bagaimana kabarnya? 어떻게 지내세요? (오랜만에 만날 때)
Selamat pagi. 안녕하세요. (아침 인사)
Selamat siang. 안녕하세요. (낮 인사)
Selamat sore. 안녕하세요. (오후 인사)
Selamat malam. 안녕하세요. (밤 인사)

## Bacaan 1 (읽기 1)

| | |
|---|---|
| Darto | Selamat pagi, Parmi. |
| Parmi | Selamat pagi, Darto. |
| Darto | Apa kabar? |
| Parmi | Kabar saya baik.<br>Bagaimana dengan Anda? |
| Darto | Saya juga baik. Terima kasih. |

| | |
|---|---|
| 다르또 | 안녕하세요, 빠르미. |
| 빠르미 | 안녕하세요, 다르또. |
| 다르또 | 어떻게 지내세요? |
| 빠르미 | 저는 잘 지내요.<br>당신은 어떠세요? |
| 다르또 | 저도 잘 지내요. 고마워요. |

## Bacaan 2 (읽기 2)

| | |
|---|---|
| Minji | Kenalkan.<br>Saya orang Korea.<br>Nama saya Minji. |
| Darto | Senang sekali bertemu dengan Anda.<br>Saya orang Indonesia.<br>Nama saya Darto. |

| | |
|---|---|
| 민지 | 소개할게요.<br>저는 한국 사람입니다.<br>제 이름은 민지입니다. |
| 다르또 | 만나서 반갑습니다.<br>저는 인도네시아 사람입니다.<br>제 이름은 다르또입니다. |

## 기본어휘

selamat 안녕한, 안전한, 건강한
pagi 아침
siang 낮
Pak ~ 씨, 선생님(남자)
apa 무엇
Bu ~ 씨, 부인(여자)
kabar 소식
kenalkan 소개하다
baik 좋은
orang 사람
bagaimana 어떻게
nama 이름
dengan ~와 함께, ~으로
senang 기쁘다
Anda 당신
sekali 매우, 아주, 몹시
juga 역시, 또한
terima kasih 감사합니다
saya 나, 저
sore 오후
malam 밤

## 활용문형

Apa kabar?
잘 지냈어요?

Kabar saya baik
저는 잘 지내요.

Bagaimana kabar Anda?
잘 지냈어요?

Baik.
잘 지내요.

## 문법

### 인사말

인도네시아어는 시간에 따라 인사말을 달리 사용한다.

| | |
|---|---|
| 아침 인사 | : Selamat pagi. |
| 낮 인사 | : Selamat siang. |
| 오후 인사 | : Selamat sore. |
| 저녁/밤 인사 | : Selamat malam. |

| | |
|---|---|
| pagi | : pukul 6.00 - 10.00 |
| siang | : pukul 10.00 - 15.00 |
| sore | : pukul 15.00 - 18.30 |
| malam | : pukul 18.30 - 23.00 |
| tengah malam | : pukul 23.00 - 1.00 |
| dini hari | : pukul 1.00 - 4.00 |
| subuh | : pukul 4.00 - 6.00 |

### 수식구조

인도네시아어 수식 구조는 '피수식어 – 수식어'이다. 즉, 수식이 뒤에서 앞으로 일어난다.

ex buku saya 내 책
rumah kita 우리들의 집
majalah Anda 당신의 잡지
kursi kamu sekalian 너희들의 의자
dompet dia 그의 지갑
mobil mereka 그들의 자동차

### 인칭대명사

인도네시아어 인칭대명사는 아래 표와 같이 분류된다.

| | 1인칭 | 2인칭 | 3인칭 |
|---|---|---|---|
| 단수 | aku 나<br>saya 저 | kamu 너<br>engkau/kau 너<br>Anda 당신 | dia/ia 그(녀)<br>beliau 그분 |
| 복수 | kami 우리<br>(청자 제외)<br>kita 우리<br>(청자 포함) | kamu sekalian 너희들<br>Anda sekalian 여러분<br>kalian 너희들/여러분 | mereka 그들 |

### 격변화

인칭대명사는 격에 따른 형태 차이를 보이지 않는다.

ex **Saya** mahasiswa.

저는 대학생입니다. (주격)

Nama **saya** Darto.

제 이름은 다르또입니다. (소유격)

Dia mengenal **saya**.

그는 저를 알고 있습니다. (목적격)

### 의존형태

소유격과 목적격의 경우에는 인칭대명사의 결합형 – 단독으로는 사용할 수 없고 다른 단어와 결합해 사용해야 하는 것 – 을 사용할 수 있다.

| | 결합형 |
|---|---|
| aku | -ku |
| kamu | -mu |
| dia/ia | -nya |

ex 소유격 buku**ku**

나의 책

목적격 Polisi menangkap**ku**.

경찰이 나를 체포했습니다.

✓ Anda

2인칭 대명사 Anda는 표준 철자법에 따르면 항상 대문자로 적어야 한다.

ex Dia adalah ayah **Anda**.

그는 당신의 아버지입니다.

✓ ia

인칭대명사 ia는 dia와 달리 주격으로만 사용된다.

ex **Ia** mahasiswa.

그(녀)는 대학생이다.

buku **ia**

그(녀)의 책 (x)

Polisi menangkap **ia**.

경찰은 그(녀)를 체포했습니다. (x)

✓ 호칭어

인도네시아어 2인칭 대명사에는 경어 표현이 존재하지 않는다. 따라서 듣는 사람을 높이기 위해서는 호칭어를 사용해야 한다. 흔히 남성의 경우는 Bapak/Pak을 사용하고, 여성의 경우는 Ibu/Bu를 사용한다.

ex Selamat pagi, Bapak.

안녕하세요, 선생님.

Selamat siang, Pak Kim.

안녕하세요, 김 선생님.

Selamat pagi, Ibu.
안녕하세요, 여사님.

Selamat sore, Bu Kim.
안녕하세요, 김 여사님.

### 명사 서술문

인도네시아어 명사 서술문은 아래와 같은 문형을 지닌다.

| 주어 | 연계사 | 명사 |
|---|---|---|
| Jinho | adalah/ialah | orang Korea. |
| Jinho | | orang Korea. |

인도네시아어 명사 서술문은 연계사 adalah/ialah 없이도 사용될 수 있다.

ex Saya adalah orang Korea.
저는 한국 사람입니다.

Saya orang Korea.
저는 한국 사람입니다.

Dia adalah anak Pak Darto.
그는 다르또 씨의 아이입니다.

Dia anak Pak Darto.
그는 다르또 씨의 아이입니다.

### ialah

연계사 ialah는 주어가 3인칭인 경우에만 사용된다.

ex Saya ialah orang Korea. (x)
Jinho ialah orang Korea. (o)

## Berbicara (말하기)

**1. <예시>와 같이 인사를 나눠 봅시다.**

예시 siang

A: Selamat **siang**, Pak.
B: Selamat **siang**, Bu.

(1) pagi
(2) sore
(3) malam

**2. <예시>와 같이 이름과 직업을 말해 봅시다.**

예시 Parmi / mahasiswa

Nama saya **Parmi**.
Saya **mahasiswa**.

(1) Darto / dokter

(2) Santi / pramugari

(3) Minji / guru

(4) Jinho / polisi

**3. <예시>와 같이 국적을 말해 봅시다.**

예시 Amerika Serikat — Saya orang **Amerika Serikat**.

(1) Singapura
(2) Belanda
(3) Thailand
(4) Australia
(5) Inggris
(6) Indonesia
(7) Malaysia
(8) Korea
(9) Cina
(10) Jepang

## Menyimak (듣기)

**1. 대화를 듣고 빈칸을 채워 봅시다.**

(1) A: Selamat (____________________), Bu.

B: Selamat (____________________), Pak.

A: Apa kabar?

B: (________________________________________).

(2) A: Selamat malam, Pak.

B: Selamat malam, Bu.

A: Kenalkan. Nama saya Jinho. Saya orang (____________________).

**2. 대화를 듣고 빈칸을 채워 봅시다.**

(1) A: Selamat pagi.

B: ________________________________________.

A: Apa kabar?

B: Baik.

(2) A: Nama saya Jinho. Saya orang Korea.

B: Saya Darto. ________________________________.

## Menulis (쓰기)

**1. 인도네시아어로 적어 봅시다.**

(1) 안녕하세요(아침 인사).

______________________________________________.

(2) 어떻게 지내세요?

______________________________________________.

(3) 제 이름은 김진호입니다.

______________________________________________.

(4) 저는 네덜란드인입니다.

______________________________________________.

**2. 올바른 문장이 되도록 배열해 봅시다.**

(1) orang – Inggris – Dia

______________________________________________.

(2) Nama – beliau – Darto

______________________________________________.

(3) bertemu – dengan – Senang – Anda – sekali

______________________________________________.

(4) Belanda – Willem – penari – dari – adalah

______________________________________________.

(5) Pramugari – dari – Kato – Jepang

______________________________________________.

3. <보기>의 자기소개를 인도네시아어로 적어 봅시다.

보기 제 이름은 진호입니다.
저는 한국인입니다.
만나서 반갑습니다.

## 활용어휘

mengenal 알다
pramugari 스튜어디스
tengah malam 자정
penari 댄서
subuh 새벽
dini hari 이른 새벽

### ✔ 시간

pagi 아침

siang 낮

sore 오후

malam 저녁, 밤

### ✔ 직업

mahasiswa 대학생

dokter 의사

polisi 경찰

guru 선생님

### ✔ 나라

Amerika Serikat 미국

Jepang 일본

Cina/Tiongkok 중국

Singapura 싱가포르

Belanda 네덜란드

Inggris 영국

Thailand 태국

Australia 호주

MEMO

Pelajaran 2

# TANYA DAN JAWAB TENTANG BARANG

## 사물에 대하여 묻고 답하기

### Tujuan Pelajaran (학습목표)

- 사물에 관련된 기본어휘 및 활용어휘 익히기
- 지시대명사 ini와 itu 관련 표현 배우기
- 명사 부정사 bukan 익히기
- 의문사 apa, apakah로 질문하기

### 핵심 표현

Apa ini? 이것은 무엇입니까?
Apa itu? 저것은 무엇입니까?
Apakah itu kacamata beliau? 저것은 그분의 안경입니까?
Ini tas Anda? 이것은 당신의 가방입니까?

## Bacaan 1 (읽기 1)

| | |
|---|---|
| Darto | Selamat siang. Apa kabar Anda? |
| Parmi | Selamat siang. Kabar baik. |
| Darto | Apakah ini buku Anda? |
| Parmi | Iya, itu buku saya. |
| Darto | Apakah itu tas Santi? |
| Parmi | Bukan, ini bukan tas Santi. Ini tas saya. |

| | |
|---|---|
| 다르또 | 안녕하세요. 어떻게 지내세요? |
| 빠르미 | 안녕하세요. 저는 잘 지내요. |
| 다르또 | 이것은 당신의 책입니까? |
| 빠르미 | 네, 그것은 제 책입니다. |
| 다르또 | 그것은 산띠의 가방입니까? |
| 빠르미 | 아니요, 이것은 산띠의 가방이 아닙니다. 이것은 제 가방입니다. |

## Bacaan 2 (읽기 2)

| | |
|---|---|
| Jinho | Halo, Darto. |
| Darto | Hai, Jinho. Bagaimana kabarmu? |
| Jinho | Kabar saya baik. Apa ini? |
| Darto | Itu baju adat suku Jawa. |
| Jinho | Apa namanya? |
| Darto | Namanya baju kebaya. |
| Jinho | Itu kota apa? |
| Darto | Itu Kota Makassar. |
| Jinho | Di mana letaknya? |
| Darto | Di Pulau Sulawesi. |

| | |
|---|---|
| 진호 | 안녕, 다르또. |
| 다르또 | 안녕, 진호. 어떻게 지내요? |
| 진호 | 잘 지내고 있어요. 이것은 무엇이에요? |
| 다르또 | 그것은 자와족의 전통의상입니다. |
| 진호 | 이름이 무엇입니까? |
| 다르또 | 끄바야입니다. |

진호　그것은 무슨 도시입니까?
다르또　그것은 마카사르 도시입니다.
진호　어디에 있는 도시입니까?
다르또　술라웨시섬에 있어요.

## 기본어휘

apakah 일반 의문문 격식 표시
baju 상의, 옷
ini 이것
tradisional 전통적인
buku 책
suku 종족
iya 응, 네
peta 지도
itu 저것, 그것
pulau 섬
tas 가방
bukan ~이 아니다
kota 도시
letak 위치
adat 전통, 관습

## 기본문형

Itu pulau apa?
저것은 무슨 섬입니까?

Itu Pulau Sulawesi.
저것은 술라웨시섬입니다.

Apakah ini buku Anda?
이것은 당신의 책입니까?

Ya, itu buku saya.
네, 그것은 제 책입니다.

Apakah ini tas Nur?
이것은 누르의 가방입니까?

Bukan. Itu bukan tas Nur.
아니요, 그것은 누르의 가방이 아닙니다.

Apakah itu baju Darto?
그것은 다르또의 옷입니까?

Bukan, itu bukan baju Darto.
아니요, 그것은 다르또의 옷이 아닙니다.

## 활용문형

Itu gelas ibu.
그것은 어머니의 컵입니다.

Tas Nur cantik.
누르의 가방은 예쁩니다.

Kursi bapak kecil.
아버지의 의자는 작습니다.

Ini buku Parmi. Buku Parmi baru.
이것은 빠르미의 책입니다. 빠르미의 책은 새것입니다.

Itu kamus Darto. Kamus Darto besar.
그것은 다르또의 사전입니다. 다르또의 사전은 큽니다.

인도네시아 전통의상 바띡

## 문법

### ✓ 지시대명사 ini & itu

인도네시아어 지시대명사에는 ini와 itu가 있다. 지시대명사 ini는 근칭을 나타내고, itu는 원칭을 나타낸다.

Ini bola.
이것은 공입니다.

Itu bola.
저것은 공입니다.

ex Ini komputer saya.
이것은 제 컴퓨터입니다.

Itu komputer saya.
그것은 제 컴퓨터입니다.

명사를 수식할 때도 ini와 itu를 사용할 수 있다.

ex Buku ini buku saya.
이 책은 제 책입니다.

Cincin itu cincinnya.
그 반지는 그(녀)의 반지입니다.

### ✓ 명사 부정사 bukan

명사를 부정할 때 명사 앞에 bukan을 사용한다.

ex Ini cangkirku.
이것은 내 잔입니다.

Ini bukan cangkirku.
이것은 내 잔이 아닙니다.

### ✓ 일반 의문문

인도네시아어 일반 의문문은 억양 변화만으로도 실현된다. 즉, 평서문의 끝을 올려주면 일반 의문문이 된다.

ex Ini orang Belanda.
이분은 네덜란드인입니다.

Ini orang Belanda?
이분은 네덜란드인입니까?

Itu tas Anda.
그것은 당신의 가방입니다.

Itu tas Anda?
그것은 당신의 가방입니까?

### ✓ apakah

일반 의문문 앞에 의문문 격식 표시인 apakah를 사용할 수 있다. 이는 보통 글이나 형식적인 발화에서 흔히 나타난다.

ex Apakah majalah ini majalahnya?
이 잡지는 그(녀)의 잡지입니까?

Apakah payung itu payung Anda?
저 우산은 당신의 우산입니까?

Apakah ini tetikus Anda?
이것은 당신의 마우스입니까?

Apakah itu kacamata beliau?
저것은 그분의 안경입니까?

### ✓ 대답하기

명사가 술어인 일반 의문문에 대한 대답은 긍정일 때 iya/ya을 사용하고, 부정일 때 bukan을 사용한다.

ex Apakah ini bolpoin Anda?
이것은 당신의 볼펜입니까?

Iya, itu bolpoin saya.
네, 그것은 제 볼펜입니다.

Bukan, itu bukan bolpoin saya.
아니요, 그것은 제 볼펜이 아닙니다.

### ✓ 의문사 apa

의문사 apa는 사물에 대해 질문할 때 사용된다.

ex Apa ini?
이것은 무엇입니까?

Ini apa?
이것은 무엇입니까?

### ✓ 대답하기

ex A: Apa ini? 이것은 무엇입니까?
B: Ini celana saya. 이것은 제 바지입니다.

A: Itu apa? 저것은 무엇입니까?
B: Itu HP saya. 저것은 제 핸드폰입니다.

## Berbicara (말하기)

**1. <예시>와 같이 묻고 답해 봅시다.**

| 예시 majalah | A: Apakah ini **majalah** Anda?<br>B: Iya, itu **majalah** saya. |
|---|---|

(1) komputer
(2) sepeda motor
(3) buku teks
(4) dompet
(5) jam tangan

**2. <예시>와 같이 묻고 답해 봅시다.**

| 예시 kacamata | A: Ini **kacamata** Anda?<br>B: Bukan, itu bukan **kacamata** saya. |
|---|---|

(1) cincin
(2) sepatu
(3) sepeda
(4) topi
(5) jaket

**3. <예시>와 같이 묻고 답해 봅시다.**

| 예시 mobil saya | A: Apa ini?<br>B: Itu **mobil saya**. |
|---|---|

(1) kamus dia
(2) uang beliau
(3) kursi mereka
(4) bolpoin saya
(5) rumah kami

## Menyimak (듣기)

**1. 대화를 듣고 빈칸을 채워 봅시다.**

(1) A: Apakah ini HP Anda?

B: (______________), itu HP saya.

(2) A: Apakah itu kunci Parmi?

B: (______________), ini (______________) kunci Parmi.

(3) A: (______________) ini?

B: Itu celana saya.

(4) A: (______________) apa?

B: Ini rok Parmi.

**2. 대화를 듣고 빈칸을 채워 봅시다.**

(1) A: Apakah ini boneka Anda?

B: ______________________________.

(2) A: Apakah itu foto Anda?

B: ______________________________.

(3) A: ______________________________?

B: Ini meja teman saya.

(4) A: ______________________________?

B: Itu cangkir tetangga saya.

## Menulis (쓰기)

**1. 인도네시아어로 적어 봅시다.**

(1) 이것은 무엇입니까?

______________________________?

(2) 그것은 제 책입니다.

______________________________.

(3) 그것은 무엇입니까?

______________________________?

(4) 이것은 그녀의 가방입니다.

______________________________.

**2. 올바른 문장이 되도록 배열해 봅시다.**

(1) sarung tangan – Apakah – itu – Anda

______________________________?

(2) tas – ini – Iya – mereka

______________________________.

(3) bukan – Itu – saya - teman – tas

______________________________.

(4) Pak Darto – itu – Apakah – kacamata

______________________________?

(5) Dewi – Ini – sarung tangan – Apakah

______________________________?

## 활용어휘

komputer 컴퓨터

dompet 지갑

mobil 자동차

jam tangan 손목시계

buku teks 교과서

kacamata 안경

cincin 반지

jaket 외투

sepatu 신발

kamus 사전

topi 모자

uang 돈

Pelajaran 3

# KELUARGA
# 가족

## Tujuan Pelajaran (학습목표)

- 가족, 직업, 질병 관련 기본어휘 및 활용어휘 익히기
- 의문사 siapa 관련 표현 배우기
- 동사 서술문 문형 익히기
- 동사/형용사 부정사 tidak 배우기

### 핵심 표현

Siapa orang ini? 이 사람은 누구입니까?
Siapa nama Anda? 당신 이름은 무엇입니까?
Siapa nama ayah kamu? 네 아버지 이름은 무엇이니?
Siapa nama adik perempuan kamu? 네 여동생 이름은 무엇이니?

## Bacaan 1 (읽기 1)

| | |
|---|---|
| Parmi | Selamat sore, Darto. |
| Darto | Selamat sore juga, Parmi. |
| Parmi | Apakah ini foto keluarga kamu? |
| Darto | Ya, itu foto keluarga saya. |
| Parmi | Siapa nama ayah dan ibumu? |
| Darto | Nama ayahku Hasan dan nama ibuku Sinta. |
| Parmi | Apakah ayahmu guru? |
| Darto | Iya, ayahku guru. |

| | |
|---|---|
| 빠르미 | 안녕, 다르또. |
| 다르또 | 안녕, 빠르미. |
| 빠르미 | 이것이 네 가족사진이니? |
| 다르또 | 그래, 그것은 내 가족사진이야. |
| 빠르미 | 네 아버지와 어머니의 이름은 무엇이니? |
| 다르또 | 내 아버지 이름은 하산이고, 내 어머니 이름은 신따야. |
| 빠르미 | 네 아버지는 선생님이시니? |
| 다르또 | 그래, 내 아버지는 선생님이야. |

## Bacaan 2 (읽기 2)

| | |
|---|---|
| Jinho | Selamat malam, Minji. Apa kabar? |
| Minji | Selamat malam juga, Jinho. Kabar saya baik. |
| Jinho | Apakah ini dompet ibumu? |
| Minji | Bukan. Itu bukan dompet ibuku. |

| | |
|---|---|
| Jinho | Siapa nama ibumu? |
| Minji | Nama ibuku Youngja. |
| Jinho | Apakah ibumu perawat? |
| Minji | Bukan, ibuku bukan perawat. Ibuku dokter gigi. |

| | |
|---|---|
| 진호 | 안녕, 민지. 잘 지내니? |
| 민지 | 안녕, 진호. 나는 잘 지내. |
| 진호 | 이것이 네 어머니의 지갑이니? |
| 민지 | 아니야. 그것은 내 어머니 지갑이 아니야. |

| | |
|---|---|
| 진호 | 네 어머니의 성함은 무엇이니? |
| 민지 | 내 어머니의 이름은 영자야. |
| 진호 | 네 어머니는 간호사시니? |
| 민지 | 아니야. 내 어머니는 간호사가 아니야, 내 어머니는 치과의사야 |

## Bacaan 3 (읽기 3)

| | |
|---|---|
| Darto | Selamat sore, Parmi. Bagaimana kabarmu? |
| Parmi | Selamat sore juga, Darto. Kabar saya baik. |
| Darto | Apakah kamu punya adik? |
| Parmi | Iya, saya punya adik. |
| Darto | Siapa nama adikmu? |
| Parmi | Nama adikku Ali. |
| Darto | Adikmu bekerja di bandara? |
| Parmi | Iya, adikku bekerja di bandara. |

| | |
|---|---|
| 다르또 | 안녕, 빠르미. 잘 지내니? |
| 빠르미 | 안녕, 다르또. 나는 잘 지내고 있어. |
| 다르또 | 너는 동생이 있니? |
| 빠르미 | 그래, 나는 동생이 있어. |
| 다르또 | 네 동생의 이름은 무엇이니? |
| 빠르미 | 내 동생의 이름은 알리야. |
| 다르또 | 네 동생은 공항에서 일하니? |
| 빠르미 | 응, 내 동생은 공항에서 일해. |

## Bacaan 4 (읽기 4)

| | |
|---|---|
| Jinho | Selamat pagi, Santi. |
| Santi | Selamat pagi, Jinho. |
| Jinho | Kamu mencari siapa? |
| Santi | Aku mencari ayahku. |
| Jinho | Siapa nama ayahmu? |
| Santi | Nama ayahku Lukman. |
| Jinho | Apakah ayahmu bekerja di sini? |
| Santi | Tidak, ayahku tidak bekerja di sini. Ayahku bekerja di sana. |

| | |
|---|---|
| 진호 | 안녕, 산띠. |
| 산띠 | 안녕, 진호. |
| 진호 | 너는 누구를 찾고 있니? |
| 산띠 | 나는 내 아버지를 찾고 있어. |
| 진호 | 너의 아버지의 성함은 무엇이니? |
| 산띠 | 내 아버지의 이름은 루크만이야. |
| 진호 | 너희 아버지 여기서 일하시니? |
| 산띠 | 아니, 내 아버지 여기서 일하지 않아. 내 아버지는 저기서 일해. |

## 기본어휘

ayah 아버지
bandara 공항
ibu 어머니
bekerja 일하다
perawat 간호사
sini 여기
dokter gigi 치과의사
adik 동생
sana 저기
nama 이름, 성함
mencari 찾다
punya 가지다
foto 사진
keluarga 가족
guru 선생님

## 활용문형

Apakah ini ayahmu?
이분은 너의 아버지시니?

Ya, ini ayahku. Ayahku seorang pilot.
응, 이분은 내 아버지야. 내 아버지는 조종사야.

Apakah perawat itu ibumu?
저 간호사는 너의 어머니시니?

Bukan. Ibuku seorang dokter gigi
아니, 내 어머니는 치과의사야.

Siapa nama adikmu?
네 동생의 이름은 무엇이니?

Adikku namanya Andi.
내 동생의 이름은 안디야.

Apakah dia bekerja di bandara?
그는 공항에서 일하니?

Tidak, dia tidak bekerja di bandara.
아니, 그는 공항에서 일하지 않아.

## 문법

### 의문사 siapa

의문사 siapa는 사람 또는 이름에 대해 질문할 때 사용한다.

ex Siapa ini? 이 사람은 누구입니까?
Ini siapa? 이 사람은 누구입니까?
Siapa nama Anda? 당신의 이름은 무엇입니까?
Nama Anda siapa? 당신의 이름은 무엇입니까?

### 자동사 서술문

인도네시아어 자동사 서술문은 아래와 같은 문형을 지닌다.

| 주어 | 자동사 | 보어 | 장소 표현 | 시간 표현 |
|---|---|---|---|---|
| Dia | bermain. | | | |
| Dia | bermain | golf. | | |
| Dia | bermain | golf | di lapangan golf. | |
| Dia | bermain | golf | di lapangan golf | kemarin. |

자동사 서술문의 보어는 일반적으로 생략할 수 있다. 하지만 보어가 반드시 필요한 자동사 서술문도 존재한다.

ex Mereka bermata besar.
그들은 큰 눈을 가지고 있습니다.

Mereka bermata.
그들은 눈을 가지고 있습니다. (x)

Mereka berhidung besar.
그들은 큰 코를 가지고 있습니다.

Mereka berhidung.
그들은 코를 가지고 있습니다. (x)

### ✓ 동사 시제

인도네시아어 동사는 시제별 형태 차이가 없다. 즉, 과거, 현재, 미래에 있어 동사 형태가 동일하다.

ex Dia **datang** kemarin. 그는 어제 왔습니다.

Dia **datang** sekarang. 그가 지금 옵니다.

Dia **datang** besok. 그는 내일 올 예정입니다.

### ✓ 부정사 tidak

부정사 tidak은 동사를 부정할 때 사용한다. 또한 동사가 술어인 일반 의문문의 대답에도 tidak이 사용된다.

ex Dia berselancar di laut.

그는 바다에서 서핑을 합니다.

Dia tidak berselancar di laut.

그는 바다에서 서핑을 하지 않습니다.

Apakah dia berlari?

그는 도망갑니까?

Iya, dia berlari.

네, 그는 도망갑니다.

Tidak, dia tidak berlari

아니요, 그는 도망가지 않습니다.

## Berbicara (말하기)

**1. <예시>와 같이 가족의 이름을 묻고 답해 봅시다.**

| 예시 ayah / Lukman | A: Siapa nama **ayah**mu?<br>B: Nama ayahku **Lukman**. |
|---|---|

(1) kakek / Khalil

(2) nenek / Nurhayati

(3) anak laki-laki / Firman

(4) anak perempuan / Fani

**2. <예시>와 같이 묻고 답해 봅시다.**

| 예시 ayah | A: Siapa orang ini?<br>B: Dia **ayah** saya. |
|---|---|

(1) sekretaris

(2) koki

(3) teman

(4) tetangga

**3. <예시>와 같이 묻고 답해 봅시다.**

| 예시 rumah / iya | A: Apakah bibimu bekerja di **rumah**?<br>B: **Iya**, bibiku bekerja di **rumah**. |
|---|---|

| 예시 pabrik / tidak | A: Apakah bibimu bekerja di **pabrik**?<br>B: **Tidak**, bibiku **tidak** bekerja di **pabrik**. |
|---|---|

(1) kantor / iya

(2) rumah sakit / tidak

(3) kantor pos / iya

(4) sekolah / tidak

## Menyimak (듣기)

**1. 대화를 듣고 빈칸을 채워 봅시다.**

(1) A: (____________________) nama kakakmu?

B: Nama kakak saya Gita.

(2) A: Apakah (____________________) ibu rumah tangga?

B: Iya, ibuku ibu rumah tangga.

(3) A: Apakah (____________________) bekerja di Korea?

B: Tidak, ayahku tidak bekerja di Korea. Ayahku bekerja di Jepang.

**2. 대화를 듣고 빈칸을 채워 봅시다.**

(1) A: Apakah anak laki-lakimu penari?

B: ________________________________________.

(2) A: Apakah anak perempuanmu karyawan Samsung?

B: ________________________________________.

(3) A: Apakah kakakmu pemain gitar?

B: ________________________________________.

## Menulis (쓰기)

**1. 인도네시아어로 적어 봅시다.**

(1) 당신 할머니의 성함은 무엇입니까?

______________________________________________?

(2) 제 할아버지의 성함은 이성호입니다.

______________________________________________.

(3) 당신의 어머니는 농부입니까?

______________________________________________?

(4) 제 어머니는 가정주부가 아닙니다.

______________________________________________.

**2. 올바른 문장이 되도록 배열해 봅시다.**

(1) anak – nama – perempuan – Anda – Siapa

______________________________________________?

(2) di – bekerja – Kakak – saya – pelabuhan

______________________________________________.

(3) tidak – Dia – ikan – memancing – laut – di

______________________________________________.

(4) membaca – di – kamar – Adikku – buku

______________________________________________.

(5) Ayah – pabrik – mobil – bekerja – di – tidak

______________________________________________.

## 활용어휘

berlari 도망가다
berselancar 서핑하다
pabrik 공장
petani 농부
tetangga 이웃
kamar 방
pelabuhan 항구
Ibu rumah tangga 가정주부
pemain gitar 기타 연주자
nenek moyang 조상, 선조

### 가족

anak perempuan 딸
anak laki-laki 아들
saudara 형제
bayi 어린아이
orang tua 부모
mertua 시부모/처부모

## 직업

pengacara 변호사

sopir taksi 택시기사

koki 요리사

pilot 파일럿

polisi 경찰

sekretaris 비서

dosen 교수

karyawan 회사원, 직원

penari 댄서

## 장소

rumah 집

pabrik 공장

kantor 사무실

rumah sakit 병원

kantor pos 우체국

sekolah 학교

pelabuhan 항구

laut 바다

lapangan golf 골프장

## 활동

bermain gitar 기타를 치다

bermain golf 골프를 치다

berselancar 서핑을 하다

bersenam 체조하다

menggeliat 기지개를 켜다

berenang 수영하다

memancing 낚시하다

### 신체부위

kepala 머리
jari 손가락
telunjuk 검지
jari manis 약지
dahi 이마
gigi 이
pipi 볼
dagu 턱
kumis 콧수염
siku tangan 팔꿈치
paha 허벅지
pusat 배꼽
pergelangan 손목
rambut 머리카락
ibu jari 엄지
jari tengah 중지
kelingking 소지
leher 목
dada 가슴
bibir 입술
bahu 어깨
betis 종아리
tumit 발뒤꿈치
pinggang 허리
ketiak 겨드랑이

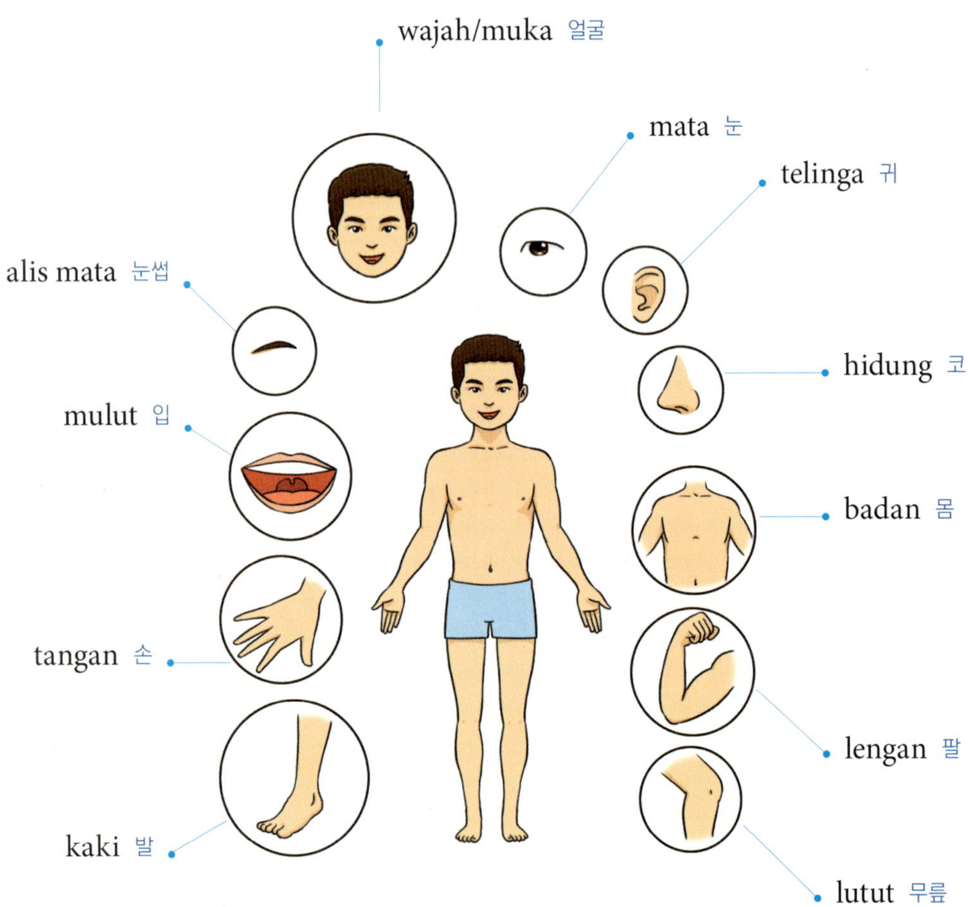

Pelajaran 4

# KEGIATAN HARIAN
# 일과

## Tujuan Pelajaran (학습목표)

- 시간 및 숫자 관련 기본어휘 및 활용어휘 익히기
- 시간과 시각에 관련된 다양한 표현 배우기
- 수사 및 수량사의 위치와 의미 익히기

### 핵심 표현

Jam berapa kamu biasanya bangun? 너는 보통 몇 시에 일어나니?
Jam berapa kamu ke sekolah? 너는 몇 시에 학교에 가니?
Kapan Anda pulang ke Indonesia? 당신은 언제 인도네시아로 돌아갑니까?
Jam berapa Anda makan malam dengan keluarga? 당신은 가족과 함께 몇 시에 저녁 식사를 합니까?

## Bacaan 1 (읽기 1)

Darto Selamat pagi, Jinho.
Jinho Selamat pagi, Darto.
Darto Kamu mau ke mana?
Jinho Saya mau ke kantor.
Darto Jam berapa kamu biasanya bangun?
Jinho Saya biasanya bangun pada pukul 6 pagi.
Darto Apa yang kamu lakukan setelah bangun?
Jinho Saya mandi, lalu makan pagi.

다르또 안녕, 진호.
진호 안녕, 다르또.
다르또 너 어디 가는 중이니?
진호 나는 출근하고 있어.
다르또 너는 보통 언제 일어나니?
진호 나는 보통 아침 6시에 일어나.
다르또 일어난 후에 너는 뭐 하니?
진호 나는 씻고 나서 아침을 먹어.

## Bacaan 2 (읽기 2)

| | |
|---|---|
| Santi | Selamat siang, Parmi. Apa kabar? |
| Parmi | Selamat siang juga, Santi. Kabar baik. |
| Santi | Apakah ayahmu sudah ke kantor? |
| Parmi | Tidak. Hari ini ayah tidak ke kantor. |
| Santi | Jam berapa kamu ke kampus? |
| Parmi | Saya ke kampus pukul 2 siang. |
| Santi | Apa kegiatanmu hari ini? |
| Parmi | Saya kuliah di kampus sampai sore hari, kemudian makan-makan di restoran Cina. |

| | |
|---|---|
| 산띠 | 안녕, 빠르미. 잘 지내니? |
| 빠르미 | 안녕, 산띠. 나는 잘 지내. |
| 산띠 | 네 아버지는 출근하셨니? |
| 빠르미 | 아니. 오늘 아버지는 출근하지 않으셔. |
| 산띠 | 너는 몇 시에 학교에 가니? |
| 빠르미 | 나는 오후 2시에 학교 가. |
| 산띠 | 너는 오늘 무엇을 할 거니? |
| 빠르미 | 오늘 오후에 캠퍼스에서 강의를 듣고, 그다음에 중국 음식점에서 회식을 할 거야. |

## Bacaan 3 (읽기 3)

Santi bangun pada pukul 7. Setelah bangun, dia mandi dan menyikat gigi. Pada jam 7.30 ia makan pagi. Dia pergi ke sekolah pada pukul 8. Dia pulang dari sekolah pada pukul 4 sore. Pada pukul 6 dia makan malam bersama ayah dan ibunya. Selesai makan, Santi belajar. Kemudian, dia tidur pada pukul 10 malam.

산띠는 아침 7시에 일어납니다. 일어난 후에 그녀는 씻고 양치질을 합니다. 그녀는 7시 30분에 아침 식사를 합니다. 그녀는 오전 8시에 학교에 갑니다. 그녀는 오후 4시에 학교에서 돌아옵니다. 그녀는 오후 6시에 그녀의 아버지와 어머니와 함께 저녁 식사를 합니다. 식사 후에 산띠는 공부를 합니다. 그러고 나서 그녀는 밤 10시에 잠을 잡니다.

## 기본어휘

kapan 언제
menyikat gigi 양치질하다
bangun 일어나다, 깨어나다
sekolah 학교
pada ~에
pukul 시, 시각
jam 시, 시간
bersama 함께
setelah ~한 후
tidur 자다
melakukan 행하다, 시행하다
lalu 그러고 나서
mandi 목욕하다
makan 먹다
kegiatan 활동, 일정, 일과
pulang 돌아가다
kampus 캠퍼스
restoran 식당
kuliah 강의
makan-makan 회식하다
pergi 가다
ke ~로, ~에
mau 원하다
kantor 사무실
belajar 공부하다

## 활용문형

makan *pagi*
아침 식사를 하다

makan *siang*
점심 식사를 하다

makan *malam*
저녁 식사를 하다

makan makanan kecil
간식을 하다

*pergi ke* sekolah; *pergi ke* kantor
학교에 가다; 사무실에 가다

pergi ke pulau Bali
발리섬에 가다

*pulang dari* sekolah; *pulang dari* kampus
학교에서 돌아오다; 캠퍼스에서 돌아오다

pulang dari kantor
사무실에서 돌아오다

서부 수마트라의 빠당음식

## 문법

### 수사

인도네시아어 수사는 다음과 같다.

| | | | |
|---|---|---|---|
| 1 | satu | 21 | dua puluh satu |
| 2 | dua | 25 | dua puluh lima |
| 3 | tiga | | |
| 4 | empat | 32 | tiga puluh dua |
| 5 | lima | 37 | tiga puluh tujuh |
| 6 | enam | | |
| 7 | tujuh | 30 | tiga puluh |
| 8 | delapan | 40 | empat puluh |
| 9 | sembilan | 50 | lima puluh |
| 10 | sepuluh | 60 | enam puluh |
| 11 | sebelas | 70 | tujuh puluh |
| 12 | dua belas | 80 | delapan puluh |
| 13 | tiga belas | 90 | sembilan puluh |
| 14 | empat belas | 100 | seratus |
| 15 | lima belas | 1.000 | seribu |
| 16 | enam belas | 10.000 | sepuluh ribu |
| 17 | tujuh belas | 100.000 | seratus ribu |
| 18 | delapan belas | 1.000.000 | sejuta / satu juta |
| 19 | sembilan belas | 10.000.000 | sepuluh juta |
| 20 | dua puluh | 100.000.000 | seratus juta |
| | | 1.000.000.000 | semilyar / satu milyar |

### 수사 위치와 의미

수사는 명사 앞에서 수량을 표현한다.

ex dua mobil 두 대의 차
tiga rumah 세 채의 집
empat tas 네 개의 가방

수사가 명사 앞에서 수량을 나타낼 때 수량사를 사용할 수도 있다.

| | |
|---|---|
| ex dua buah mobil | 두 대의 차 |
| tiga buah rumah | 세 채의 집 |
| empat buah tas | 네 개의 가방 |
| lima pasang sepatu | 다섯 켤레의 신발 |
| enam ekor anjing | 여섯 마리의 개 |
| tujuh tangkai anggur | 일곱 송이의 포도 |
| delapan pucuk surat | 여덟 통의 편지 |
| sembilan lembar kertas | 아홉 장의 종이 |

수사는 명사 뒤에도 위치할 수 있다. 이 경우에 수사는 순서를 나타낸다.

| | |
|---|---|
| ex bulan tujuh | 7월(일곱 번째 달) |
| lantai tiga | 3층(세 번째 층) |

인도네시아의 수사는 천 단위마다 콤마( , ) 아닌 점( . )을 사용한다.

ex 1.000.000 (일백만)

### ✓ 시간 표현

시간은 jam 또는 pukul을 사용해 표현한다. 하지만 pukul은 시간의 양을 표현할 때는 사용하지 않는다.

| | |
|---|---|
| ex jam tujuh | 7시 |
| pukul tujuh | 7시 |
| tujuh jam | 7시간 |
| tujuh pukul | (x) |

한편, 분은 menit, 초는 detik을 사용한다. 시와 분 사이에는 lewat 또는 lebih를 첨가할 수 있다.

| | |
|---|---|
| ex pukul dua lima puluh menit | 2시 50분 |
| pukul tiga lewat tiga puluh lima menit | 3시 35분 |

pukul empat lebih dua puluh delapan menit 4시 28분

15분은 lima belas menit외에 seperempat(1/4)을 사용해 나타낼 수 있다.

ex pukul enam lima belas menit 6시 15분

pukul enam seperempat 6시 15분

30분은 tiga puluh menit 외에 setengah(반)을 사용해 나타낼 수 있다. Setengah는 특정 시간 앞에만 사용할 수 있는데 시간 앞에 오면 30분 전을 나타낸다.

ex pukul tujuh tiga puluh menit 7시 30분

pukul setengah delapan 7시 30분

pukul tujuh + setengah = pukul tujuh tiga puluh

pukul delapan − setengah = pukul setengah delapan

### 의문사 kapan

의문사 kapan은 시간을 물을 때 사용된다. 위치는 문두에 온다.

ex Kapan Anda pulang ke Indonesia? 당신은 언제 인도네시아로 돌아갑니까?

Kapan dia sampai di Korea? 그는 언제 한국에 왔습니까?

### 타동사 서술문

인도네시아어 타동사 서술문은 아래와 같은 문형을 지닌다.

| 주어 | 타동사 | 목적어 | 장소 표현 | 시간 표현 |
|---|---|---|---|---|
| Dia | melakukan | yoga. | | |
| Dia | melakukan | yoga | di kampus. | |
| Dia | melakukan | yoga | di kampus | sekarang. |

ex Dia membaca buku. 그는 책을 읽습니다.

Dia menulis surat di rumah. 그는 집에서 편지를 씁니다.

Dia menonton TV di ruang tamu sekarang. 지금 그는 응접실에서 텔레비전을 시청하고 있다.

빠랑뜨리띠스 해변의 일몰

## Berbicara (말하기)

**1. <예시>와 같이 묻고 답해 봅시다.**

예시 tidur / 10 malam

A: Jam berapa Anda **tidur**?
B: Saya tidur pada jam **10 malam**.

(1) masuk kantor / 9 pagi
(2) makan malam / 6 malam
(3) belajar / 8 pagi
(4) minum bir / 8 malam
(5) mandi / 7 pagi

**2. <예시>와 같이 묻고 답해 봅시다.**

예시 membaca buku / menonton televisi

A: Apa kegiatanmu hari ini?
B: Saya **membaca buku** dan **menonton televisi**.

(1) mendengarkan radio / bertemu dengan teman
(2) bermain golf / bermain piano
(3) pergi ke planetarium / menulis surat
(4) berkaryawisata ke museum / menonton film
(5) belajar / mendengar musik

## Menyimak (듣기)

**1. 대화를 듣고 빈칸을 채워 봅시다.**

(1) A: Kapan kamu bangun?

B: Saya bangun pada jam (____________________) pagi.

(2) A: Kapan kamu tidur?

B: Saya tidur pada jam (____________________) malam.

(3) A: Kapan kamu makan siang?

B: Saya makan siang pada jam (____________________).

**2. 대화를 듣고 빈칸을 채워 봅시다.**

(1) A: ________________________________________?

B: Saya bangun pada jam 8.

(2) A: ________________________________________?

B: Saya tidur pada jam 21.

## Menulis (쓰기)

**1. 인도네시아어로 적어 봅시다.**

(1) 당신은 언제 학교에 가나요?

________________________________________?

(2) 저는 10시에 학교에 갑니다.

________________________________________.

(3) 당신은 언제 커피를 마셨나요?

________________________________________?

(4) 저는 16시에 커피를 마셨어요.

________________________________________.

**2. 올바른 문장이 되도록 배열해 봅시다.**

(1) kegiatan – Anda – hari ini – Apa

________________________________________?

(2) dari – pulang – Anda – Kapan – sekolah

________________________________________?

(3) jam – membaca – 14 – koran – Saya – pada

________________________________________.

(4) memasak – nasi – dapur – di – Ibu – ini – sore

________________________________________.

(5) lapangan – bermain – golf – di – Paman – pagi – tadi

________________________________________.

## 활용어휘

### 활동

membaca koran 신문을 읽다

berkaryawisata 견학하다

masuk kantor 출근하다

bermain piano 피아노를 연주하다

membaca 읽다
koran 신문
kopi 커피
bulan 달, 월
pulang 돌아가다
film 영화
lantai 층, 바닥
planetarium 천문대
menulis 쓰다
surat 편지
museum 박물관
masak 요리하다

memasak ~을 요리하다
sepatu 신발
minum 마시다
bir 맥주
menonton 관람하다
mendengarkan 청취하다
radio 라디오
anjing 개
sekarang 지금
anggur 포도
kertas 종이
yoga 요가

MEMO

Pelajaran 5

# TANGGAL DAN HARI

# 날짜와 요일

## Tujuan Pelajaran (학습목표)

- 요일명과 월명, 그리고 명절과 관련된 기본어휘 및 활용어휘 익히기
- 요일과 날짜 관련 다양한 표현 배우기
- 시간, 가격, 전화번호 등에 사용되는 표현 익히기

### 핵심 표현

Hari ini hari apa? 오늘은 무슨 요일입니까?
Kemarin hari apa? 어제는 무슨 요일입니까?
Hari ini tanggal berapa? 오늘은 며칠입니까?
Besok tanggal berapa? 내일은 며칠입니까?
Hari Natal hari apa? 크리스마스는 무슨 요일입니까?

## Bacaan 1 (읽기 1)

Darto Selamat pagi, Parmi. Apa kabar?
Parmi Selamat pagi. Kabar baik.
Darto Apa kegiatanmu pagi ini?
Parmi Pukul 9 saya ada kuliah di kampus.
Darto Hari ini hari apa?
Parmi Hari ini hari Senin.
Darto Oh, begitu. Terima kasih.
Parmi Sama-sama.

다르또 안녕, 빠르미. 잘 지내?
빠르미 안녕. 나는 잘 지내.
다르또 오늘 아침 너 뭐 할 거야?
빠르미 9시에 나는 학교에서 강의가 있어.
다르또 오늘 무슨 요일이야?
빠르미 오늘 월요일이야.
다르또 아, 그렇구나. 고마워.
빠르미 천만에.

## Bacaan 2 (읽기 2)

| | |
|---|---|
| Darto | Selamat sore, Santi! Kamu dari mana? |
| Santi | Selamat sore juga, Darto. Saya dari kantor pos. |
| Darto | Kamu mengirim surat kepada siapa? |
| Santi | Saya mengirim surat kepada paman. |
| Darto | Santi, hari ini tanggal berapa? |
| Santi | Hari ini tanggal 20 Januari. |
| Darto | Apakah Hari Imlek sudah dekat? |
| Santi | Iya, sudah dekat. |
| Darto | Hari Imlek tanggal berapa? |
| Santi | Hari Imlek tahun ini tanggal 5 Februari. |

| | |
|---|---|
| 다르또 | 안녕, 산띠! 어디서 오는 길이야? |
| 산띠 | 안녕, 다르또. 나는 우체국에서 오는 길이야. |
| 다르또 | 너는 누구에게 편지를 보냈어? |
| 산띠 | 나는 삼촌에게 편지를 보냈어. |
| 다르또 | 산띠, 오늘 며칠이야? |
| 산띠 | 오늘 1월 20일이야. |
| 다르또 | 설날 얼마 남지 않았지? |
| 산띠 | 응, 얼마 남지 않았어. |
| 다르또 | 설날은 며칠이야? |
| 산띠 | 설날은 2월 5일이야. |

## Bacaan 3 (읽기 3)

Darto pulang ke Makassar kemarin, tanggal 15 April. Dua hari yang lalu dia pergi ke Gorontalo. Dia berwisata di sana selama dua hari. Hari ini dia akan kembali ke rumah orang tuanya di Makassar. Keluarga itu akan merayakan Hari Waisak bersama. Darto senang berkumpul dengan keluarganya.

다르또는 4월 15일인 어제 마카사르로 돌아왔습니다. 이틀 전에 그는 고론탈로에 갔었습니다. 그는 그곳에서 이틀 동안 여행을 했습니다. 오늘 그는 마카사르에 있는 그의 부모님 집으로 돌아갈 것입니다. 그의 가족은 석가탄신일을 함께 기념할 것입니다. 다르또는 가족들과 모여 즐겁습니다.

## 기본어휘

hari 일, 요일, 날
Januari 1월
Senin 월요일
kalau 만약 ~라면
begitu 그렇게
Hari Imlek 설날
terima kasih 감사합니다
sudah 이미
sama-sama 천만에요
dekat 가까운
tanggal 일, 날짜
Kamis 목요일
berapa 얼마, 몇
merayakan ~을 경축하다
dua hari yang lalu 이틀 전
mengunjungi ~을 방문하다
orang tua 부모
mengirim 보내다
berkumpul 모이다
berwisata 여행하다
bersama 함께
kepada ~에게

## 활용문형

Sekarang hari apa? 오늘은 무슨 요일이야?
Sekarang hari Rabu. 오늘은 수요일이야.

Hari apa kemarin? 어제 무슨 요일이었어?
Kemarin hari Selasa. 어제 화요일이었어.

Bulan apa sekarang? 지금 몇 월이야?
Sekarang bulan Maret. 지금 3월이야.

Kapan hari Idul Fitri? 이둘 피뜨리는 언제야?
Hari Idul Fitri bulan Juni. 이둘 피뜨리는 6월이야.

Tanggal berapa sekarang? 오늘 며칠이야?
Sekarang tanggal 23 Februari. 오늘 2월 23일이야.

인도네시아 자카르타의 대통령 궁

## 문법

### 형용사 서술문

인도네시아어 형용사 서술문은 다음과 같은 문형을 지닌다.

| 주어 | 부사 | 형용사 | 부사 |
|---|---|---|---|
| Saya | | lapar. | |
| Saya | sangat | lapar. | |
| Saya | | lapar | sekali. |

ex Dia cantik. 그녀는 예쁘다.

Dia sangat cantik. 그녀는 매우 예쁘다.

Dia cantik sekali. 그녀는 매우 예쁘다.

### 전치사 pada

전치사 pada는 시간 표현 앞에 위치한다. 구어에서는 전치사 pada를 흔히 생략한다.

ex Dia akan bermain piano pada hari ini. 그(녀)는 오늘 피아노를 연주할 것이다.

Dia akan bermain piano hari ini. 그(녀)는 오늘 피아노를 연주할 것이다.

### 요일 표현

인도네시아어 요일 표현은 항상 첫 글자를 대문자로 적는다.

| 일요일 | Minggu |
|---|---|
| 월요일 | Senin |
| 화요일 | Selasa |
| 수요일 | Rabu |
| 목요일 | Kamis |
| 금요일 | Jumat |
| 토요일 | Sabtu |

ex Mereka berangkat ke Indonesia hari Senin. 그들은 월요일에 인도네시아로 출발한다.

Mereka pulang ke Korea pada hari Selasa. 그들은 화요일에 한국으로 돌아온다.

### 월명 표현

인도네시아어 월명 표현도 항상 첫 글자를 대문자로 적는다.

| 1월 | Januari | 7월 | Juli |
|---|---|---|---|
| 2월 | Februari | 8월 | Agustus |
| 3월 | Maret | 9월 | September |
| 4월 | April | 10월 | Oktober |
| 5월 | Mei | 11월 | November |
| 6월 | Juni | 12월 | Desember |

ex Saya *pergi ke* Cina pada bulan Januari.

나는 1월에 중국에 간다.

Saya *pulang dari* Jepang pada bulan April.

나는 4월에 일본에서 돌아온다.

### ✓ 의문사 berapa

의문사 berapa는 날짜, 시간, 가격, 전화번호 등 수와 관련된 질문에 사용된다.

ex Hari ini tanggal berapa? 오늘은 며칠입니까?
Sekarang jam berapa? 지금 몇 시입니까?
Tas ini harganya berapa? 이 가방은 가격이 얼마입니까?
Nomor HP Anda berapa? 당신 핸드폰 번호는 몇 번입니까?

인도네시아 최대 이슬람 사원인 이스띠꾸알

## Berbicara (말하기)

**1. <예시>와 같이 요일을 묻고 답해 봅시다.**

| 예시 Senin | A: Hari ini hari apa?<br>B: Hari ini hari **Senin**. |
|---|---|

(1) Selasa

(2) Rabu

(3) Kamis

(4) Sabtu

(5) Minggu

**2. <예시>와 같이 날짜를 묻고 답해 봅시다.**

| 예시 6월 3일 | A: Hari ini tanggal berapa?<br>B: Hari ini **tanggal 3 Juni**. |
|---|---|

(1) 11월 25일

(2) 8월 14일

(3) 4월 9일

(4) 2월 30일

(5) 7월 15일

**3. <예시>와 같이 기념일을 묻고 답해 봅시다.**

| 예시 Natal / Selasa | A: Hari Natal hari apa?<br>B: Hari **Natal** hari **Selasa**. |
|---|---|

(1) Idul Fitri / Jumat

(2) Waisak / Rabu

(3) Nyepi / Senin

(4) Kemerdekaan / Kamis

(5) Imlek / Sabtu

## Menyimak (듣기)

**1. 대화를 듣고 빈칸을 채워 봅시다.**

(1) A: Hari ini hari apa?

B: Hari ini hari (______________________).

(2) A: Besok hari apa?

B: Besok hari (______________________).

(3) A: Hari ini tanggal berapa?

B: Tanggal (______________________).

**2. 대화를 듣고 빈칸을 채워 봅시다.**

(1) A: Kapan Anda datang di Indonesia?

B: ________________________________________________________________.

(2) A: Kapan Anda pergi ke Korea?

B: ________________________________________________________________.

## Menulis (쓰기)

**1. 인도네시아어로 적어 봅시다.**

(1) 오늘 무슨 요일이에요?

______________________________?

(2) 오늘 화요일입니다.

______________________________.

(3) 오늘 며칠이에요?

______________________________?

(4) 4월 5일입니다.

______________________________.

**2. 올바른 문장이 되도록 배열해 봅시다.**

(1) Anda – ke – Kapan – pulang – Korea

______________________________?

(2) Minggu – hari – Kami – bekerja

______________________________.

(3) Jepang – tanggal – 6 Maret – pergi – Darto – ke

______________________________.

(4) berkunjung – Indonesia – ke – hari – Saya – Minggu

______________________________.

(5) hari – Kami – Jumat – kemerdekaan – pada – merayakan – hari

______________________________.

## 활용어휘

### 날짜와 요일

| 그저께 | 어제 | 오늘 | 내일 | 모레 |
|---|---|---|---|---|
| kemarin dulu | kemarin | hari ini | besok | lusa |

tiga hari yang lalu 삼 일 전
satu minggu yang lalu 일주일 전
satu bulan yg lalu 한 달 전
satu tahun yg lalu 일 년 전

tiga hari yang akan datang 삼 일 후
satu minggu yang akan datang 일주일 후
satu bulan yg akan datang 한 달 후
satu tahun yg akan datang 일 년 후

✓ 명절

Hari Natal 성탄절

Nyepi 발리 힌두교의 신년기념일

Idul Fitri 금식기간이 끝나는 날의 축제

Hari Kemerdekaan 독립기념일

Waisak 석가탄신일

Hari Imlek 설날

datang 도착하다

berkunjung 방문하다

pulang 돌아가다

MEMO

Pelajaran 6

# CUACA
# 날씨

## Tujuan Pelajaran (학습목표)

- 날씨 관련 기본어휘 및 활용어휘 익히기
- 날씨와 기후 관련 다양한 표현 익히기
- 의문사 bagaimana 표현 배우기
- 관계대명사 yang의 용법 배우기

## 핵심 표현

Bagaimana cuaca di Korea? 한국의 날씨는 어떻습니까?
Bagaimana cuaca musim hujan? 우기의 날씨는 어떻습니까?
Berapa suhu musim dingin di korea? 한국의 겨울 기온은 몇 도입니까?
Berapa suhu di Jakarta? 자카르타의 기온은 몇 도입니까?

## Bacaan 1 (읽기 1)

| | |
|---|---|
| Darto | Selamat siang. Apa kabar? |
| Parmi | Selamat siang juga. Kabar saya baik. Bagaimana dengan Anda? |
| Darto | Saya juga baik. Kapan Anda sampai di Korea? |
| Parmi | Saya sampai pukul 8 tadi pagi |
| Darto | Bagaimana cuaca di Indonesia? |
| Parmi | Cuaca di Indonesia sangat panas. |
| Darto | Berapa suhu di Indonesia? |
| Parmi | Kurang lebih 30 derajat Celsius. |

| | |
|---|---|
| 다르또 | 안녕. 잘 지내? |
| 빠르미 | 안녕. 나는 잘 지내. 너는 어때? |
| 다르또 | 나도 잘 지내. 언제 한국에 도착했어? |
| 빠르미 | 나는 오늘 아침 8시에 도착했어. |
| 다르또 | 인도네시아 날씨는 어때? |
| 빠르미 | 인도네시아 날씨는 무척 더워. |
| 다르또 | 인도네시아 기온은 몇 도야? |
| 빠르미 | 대략 섭씨 30도야. |

## Bacaan 2 (읽기 2)

Minji Selamat sore. Kenalkan, saya Minji. Saya orang Korea.
Darto Selamat sore juga, Minji. Saya Darto, dari Indonesia.
Minji Kapan Anda datang dari Indonesia?
Darto Saya sampai di sini kemarin malam.

Minji Ada berapa musim di Indonesia?
Darto Ada dua musim, yaitu musim kemarau dan musim hujan.
Minji Bagaimana cuaca musim hujan?
Darto Kalau musim hujan tiba, hujan turun terus-menerus.

민지 안녕. 소개할게, 나는 민지야. 나는 한국 사람이야.
다르또 안녕, 민지. 나는 인도네시아에서 온 다르또야.
민지 너는 언제 인도네시아에서 왔니?
다르또 나는 어젯밤에 이곳에 도착했어.

민지 인도네시아에는 계절이 몇 개 있어?
다르또 두 계절, 즉 건기와 우기가 있어.
민지 우기의 날씨는 어때?
다르또 우기가 되면 비가 계속해서 내려.

## Bacaan 3 (읽기 3)

Hari ini cuaca sangat cerah. Suhu udara tidak terlalu panas. Darto, Parmi, dan Santi bermain bulu tangkis di halaman sekolah. Darto anak yang pandai bermain bulu tangkis. Mereka bermain bulu tangkis dari pukul 10 pagi. Pada pukul 10.15 tiba-tiba cuaca berubah. Angin bertiup kencang. Pada pukul 11 siang hujan turun. Ketiga orang itu terpaksa berhenti bermain.

오늘은 날씨가 매우 화창합니다. 기온이 그렇게 높지는 않습니다. 다르또, 빠르미, 그리고 산띠는 학교 운동장에서 배드민턴을 칩니다. 다르또는 배드민턴을 잘 치는 아이입니다. 그들은 아침 10시부터 배드민턴을 쳤습니다. 10시 15분에 갑자기 날씨가 변했습니다. 바람이 거세게 불어왔습니다. 오전 11시에 비가 내렸습니다. 그들 셋은 배드민턴 치는 것을 그만 둘 수밖에 없었습니다.

## 기본어휘

cuaca 날씨
di ~에
sangat 매우
panas 더운
suhu 온도, 기온
kurang lebih 대략
derajat 도
Celsius 섭씨
musim 계절
yaitu 즉
musim kemarau 건기
musim hujan 우기
dan 그리고
tiba 오다, 도착하다
hujan 비
turun 내리다
terus-menerus 계속해서
cerah 화창한
bulu tangkis 배드민턴
halaman sekolah 운동장
mereka 그들
menyukai ~를 좋아하다
kelas 학급, 학년
SD(Sekolah Dasar) 초등학교
pandai 영리한, ~을 잘하다
cerdas 명석한
sehingga 그래서
terlalu 너무, 지나치게
tiba-tiba 갑자기
angin 바람
bertiup 불다
kencang 빠른
terpaksa 어쩔 수 없이
berhenti 멈추다

## 기본문형

musim panas 여름
musim hujan 우기
hari panas 더운 날
hari hujan 비오는 날

cuaca cerah 화창한 날씨
cuaca berawan 흐린 날씨
cuaca panas 무더운 날씨
cuaca dingin 추운 날씨

## 활용문형

Saat ini musim hujan di Indonesia.
지금 인도네시아는 우기입니다.

Di Korea sedang musim dingin.
한국은 겨울입니다.

Hari ini cerah sekali.
오늘은 매우 화창한 날입니다.

Kemarin hari dingin.
어제는 추운 날이었습니다.

Saya suka cuaca berawan
나는 흐린 날씨를 좋아합니다.

Adik suka cuaca cerah.
동생은 화창한 날씨를 좋아합니다.

인도네시아 라부안 바조의 화창한 날씨

## 문법

### 의문사 bagaimana

의문사 bagaimana는 상태 또는 방법을 질문할 때 사용된다.

ex Bagaimana kabarnya? 그(녀)의 소식은 어떻습니까?

Bagaimana cuaca di Korea? 한국 날씨는 어떻습니까?

Cuaca di Korea bagaimana? 한국 날씨는 어떻습니까?

Bagaimana caranya makan ini? 이것을 어떻게 먹습니까?

### 관계대명사 yang

인도네시아어 관계대명사 yang은 형용사가 명사를 수식할 때 사용할 수 있다.

ex siswa pandai 영리한 학생

siswa yang pandai 영리한 학생

### 관계대명사 yang과 함축적 의미

관계대명사 yang의 기능은 본디 관계절을 만드는 것이다. 관계절은 대상을 한정하는 기능을 갖기 때문에 관계대명사 yang을 사용하면 무언가를 한정한다는 의미가 생긴다. 예를 들어 'siswa pandai'와 'siswa yang pandai'를 비교해 보자. 전자는 관계대명사 yang을 사용하지 않았다. 따라서 이는 영리한 학생이란 의미만을 나타낸다. 반면 후자는 관계대명사 yang이 있으므로 영리한 학생이란 의미와 함께 영리한 학생 외에 영리하지 않은 학생들도 존재함을 함축적으로 나타낸다.

ex siswa pandai 영리한 학생

siswa yang pandai 영리한 학생 (영리하지 않은 학생들의 존재를 함축)

### kamar kecil vs kamar yang kecil

몇몇 단어들은 관계대명사 yang의 유무가 의미 차이를 가져오기도 한다.

ex kamar kecil 화장실

kamar yang kecil 작은 방

orang tua 부모

orang yang tua 노인

meja hijau 법정

meja yang hijau 녹색 탁자

## Berbicara (말하기)

**1. <예시>와 같이 날씨를 묻고 답해 봅시다.**

| 예시 sejuk | A: Bagaimana cuaca hari ini?<br>B: Cuaca hari ini **sejuk**. |
|---|---|

(1) cerah

(2) berawan

(3) turun hujan

**2. <예시>와 같이 도시와 날씨를 묻고 답해 봅시다.**

| 예시 Jakarta / panas | A: Bagaimana cuaca di **Jakarta**?<br>B: Cuaca di **Jakarta panas**. |
|---|---|

(1) Moskow / dingin

(2) Seoul / sejuk

(3) London / hangat

(4) Beijing / berdebu halus

**3. <예시>와 같이 계절과 날씨를 묻고 답해 봅시다.**

| 예시 musim semi / sejuk | A: Bagaimana cuaca **musim semi**?<br>B: **Sejuk**. |
|---|---|

(1) musim panas / panas

(2) musim gugur / sejuk

(3) musim dingin / dingin

## Menyimak (듣기)

**1. 대화를 듣고 빈칸을 채워 봅시다.**

(1) A: Bagaimana cuaca di Chicago?

B: Cuaca di Chicago (____________________).

(2) A: Bagaimana cuaca di Kuwait?

B: Cuaca di Kuwait (____________________).

(3) A: Bagaimana cuaca di Korea?

B: Cuaca di Korea (____________________).

**2. 대화를 듣고 빈칸을 채워 봅시다.**

(1) A: Berapa suhu di Vietnam?

B: ____________________________________________.

(2) A: Berapa suhu di Selandia Baru?

B: ____________________________________________.

## Menulis (쓰기)

**1. 인도네시아어로 적어 봅시다.**

(1) 오늘 날씨 어때요?

______________________________?

(2) 오늘 날씨 맑아요.

______________________________.

(3) 브루나이 날씨 어때요?

______________________________?

(4) 브루나이 날씨 따뜻해요.

______________________________.

**2. 올바른 문장이 되도록 배열해 봅시다.**

(1) kemarau – cuaca – musim – Bagaimana

______________________________?

(2) Incheon – Cuaca – cerah – di

______________________________.

(3) derajat – Rata–rata – 27 – Celsius

______________________________.

(4) membawa – Parmi – ke – sekolah – payung – karena – hujan

______________________________.

(5) sekali – Kampus – indah – ketika – kami – musim semi

______________________________.

## 활용어휘

### 계절

musim semi 봄

musim gugur 가을

musim panas 여름

musim dingin 겨울

### 날씨

sejuk 시원한
hangat 따뜻한
cerah 화창한
berawan 흐린
berangin 바람이 불다
turun hujan 비가 내리다
semi 새싹

dingin 추운
panas 더운
payung 우산
berdebu halus 미세먼지가 낀
turun hujan germis 가랑비가 내리다
turun salju 눈이 내리다
gugur 떨어지다

Pelajaran 7

# RUMAH

# 집

## Tujuan Pelajaran (학습목표)

- 집, 과일, 맛과 관련된 기본어휘 및 활용어휘 익히기
- 집과 관련된 다양한 표현 배우기
- 사람 또는 사물의 존재를 나타내는 동사 ada 익히기
- 장소, 방향, 유래 표현과 함께 사용되는 전치사 di, ke, dari 익히기

## 핵심 표현

Apakah rumah dia ada di sebelah rumah sakit itu? 그의 집은 병원 옆에 있습니까?
Di mana paman Anda tinggal? 당신의 삼촌은 어디에 사십니까?
Anda datang dari mana? 당신은 어디에서 오셨습니까?
Apakah Anda pergi ke Indonesia? 당신은 인도네시아로 가십니까?

## Bacaan 1 (읽기 1)

### Rumah saya (나의 집)

Ini rumah saya. Rumah saya cukup besar. Di bagian depan rumah ada ruang tamu. Di sebelah kanan ruang tamu terletak kamar adik saya. Di tengah rumah telah sedia ruang keluarga dan ruang makan. Di bagian kanan rumah terletak kamar mandi dan dapur. Di bagian kiri rumah terdapat kamar orang tua saya, kamar kerja ayah, dan tangga. Tangga terletak di bagian belakang rumah. Kamar kerja ayah ada di antara tangga dan kamar orang tua saya.

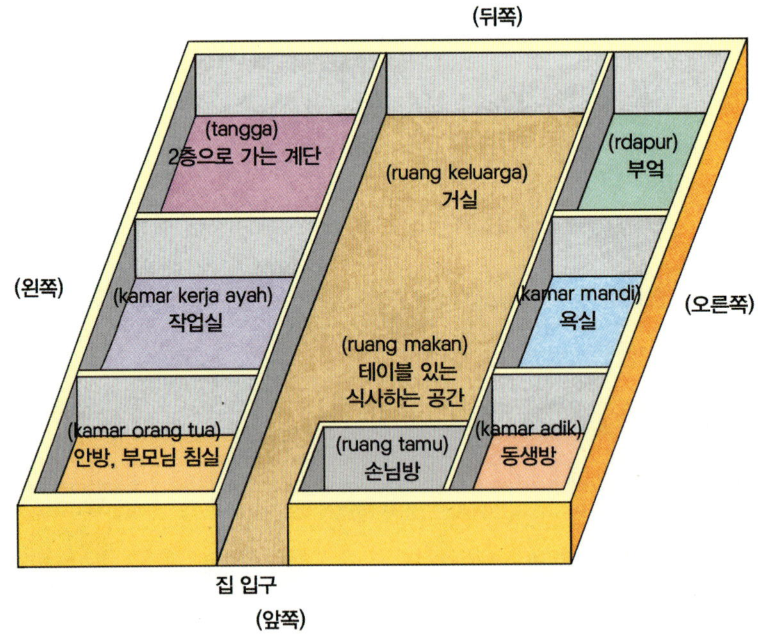


이것이 나의 집입니다. 나의 집은 꽤 큽니다. 나의 집 앞쪽에 손님방이 있습니다. 손님방 오른편에 동생방이 있습니다. 집 중앙에 거실과 식당이 있습니다. 집의 오른편에 욕실과 부엌이 있습니다. 집의 왼편에 안방, 아버지의 작업실, 그리고 계단이 있습니다. 계단은 집 뒤에 있습니다. 아버지의 작업실은 계단과 안방 사이에 있습니다.

## 기본어휘

cukup 꽤, 충분한
besar 큰
bagian 부분
kamar 방
kanan 오른쪽
kiri 왼쪽
tangga 계단
belakang 뒤
dapur 부엌
tamu 손님
ruang 방/거실
tengah 중앙, 가운데
kamar mandi 욕실
orang tua 부모
kamar kerja 작업실
di antara 사이에

**1. 다음 질문에 답해 봅시다.**

(1) Bagaimana ukuran rumah di atas? (　　　)

① kecil
② sedang
③ cukup
④ besar sekali

(2) Di sebelah kanan rumah ada apa? (　　　)

① ruang makan
② tangga
③ kamar mandi
④ ruang keluarga

(3) Kamar kerja ayah ada di mana? (　　　)

① di belakang
② di antara kamar mandi dan ruang makan
③ di antara kamar orang tua dan tangga
④ di sebelah kanan

## 기본문형

Ini rumah saya.
이것은 제 집입니다.

Rumah saya cukup besar.
제 집은 충분히 큽니다.

## 활용문형

Ini sepeda saya.
이것은 제 자전거입니다.

Ini mobil saya.
이것은 제 차입니다.

Dapur itu cukup bagus.
저 부엌은 꽤 큽니다.

Dapur itu cukup kecil.
저 부엌은 꽤 작습니다.

인도네시아 부낏띵기 가옥

## Bacaan 2 (읽기 2)

### Mencari alamat rumah (집 찾기)

Saya tinggal di Cheongdamdong. Untuk datang di rumahku, Anda jalan lurus sampai pom bensin dari Stasiun Cheongdam. Di sana Anda belok kanan. Lalu, jalan lurus sampai persimpangan. Di sana Anda belok kiri. Rumah saya ada di sebelah kiri. Rumah nomor tiga dari persimpangan. Rumah saya ada di depan Rumah Sakit Dongso. Silakan datang mencari rumah saya. Saya ada di rumah tiap hari dari pukul tujuh malam.

*– Kim Jinho –*

**청담동(Cheongdamdong)**

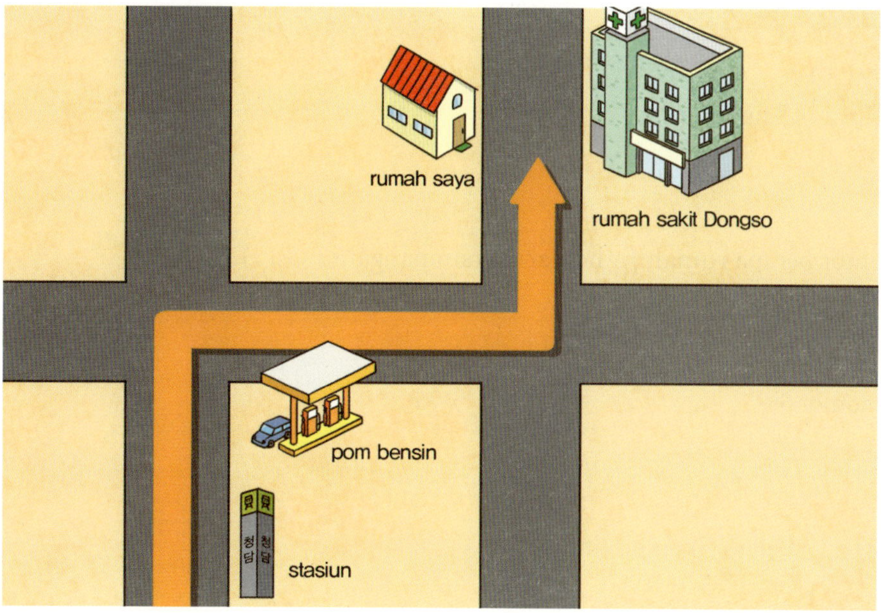


저는 청담동에 살고 있습니다. 당신이 우리 집에 오기 위해서는 청담역에서 주유소까지 직진해야 합니다. 그곳에서 당신은 오른쪽으로 돌아서 교차로까지 직진합니다. 그곳에서 왼쪽으로 돌면 우리 집이 왼쪽에 있습니다. 교차로에서 3번째 집이며 동서 병원 앞집입니다. 우리 집을 찾아오세요. 저는 매일 저녁 7시부터 집에 있습니다.

-김진호-

## 기본어휘

tinggal 살다
dari ~부터
jalan 길
lurus 곧은
tiap 매 ~, ~마다
sana 그곳
sebelah ~쪽[측]
ketiga 세 번째
rumah sakit 병원
silakan ~하세요
datang 오다
belok ~ 방향으로 돌다
nomor 번호, 숫자
persimpangan 교차로

**1. 다음 질문에 답해 봅시다.**

(1) Di mana rumah Jinho? (        )

① Seoul
② Gwangju
③ Cheongdamdong
④ Yongin

(2) Nomor berapa rumah Jinho dari persimpangan? (        )

① nomor 4
② nomor 2
③ nomor 5
④ nomor 3

(3) Ada apa di depan rumah Jinho? (        )

① pom bensin
② rumah sakit Samsung
③ sekolah
④ toko

(4) Di sebelah mana letak mana rumah Jinho? (　　　)

① sebelah kiri

② sebelah kanan

③ sebelah atas

④ di tengah

(5) Kapan jinho ada di rumah? (　　　)

① pukul 7 pagi

② pukul 4 sore

③ pukul 7 malam

④ pukul 9 malam

## 기본문형

Anda tinggal di mana? 당신은 어디에 사십니까?

Saya tinggal di Cheongdamdong. 저는 청담동에 삽니다.

Anda ada di mana? 당신은 어디에 있습니까?

Saya ada di seberang rumah sakit Dongso. 나는 동서병원 건너편에 있습니다.

Rumah Anda ada di mana? 당신의 집은 어디에 있습니까?

Rumah saya ada di sebelah kanan kantor polisi. 나의 집은 경찰서 오른쪽에 있습니다.

## 활용문형

Di mana orang tua Anda tinggal?
당신의 부모님은 어디 사십니까?

Orang tua saya tinggal di Seoul.
제 부모님은 서울에 사십니다.

Siapa yang tinggal di Bundang?
누가 분당에 삽니까?

Kakak saya yang tinggal di Bundang.
제 형이 분당에 삽니다.

Di sebelah mana rumah kakakmu?
네 형의 집은 어느 쪽에 있습니까?

Rumah kakak saya di sebelah kiri jalan.
제 형의 집은 길 왼쪽에 있습니다.

Apakah rumah dia ada di sebelah rumah sakit itu?
그의 집은 병원 옆에 있습니까?

Ya. Rumah dia ada di sebelah kanan rumah sakit.
네, 그의 집은 병원 오른쪽에 있습니다.

Di mana paman Anda tinggal?
당신 삼촌은 어디에 사십니까?

Paman saya tinggal di Jakarta.
제 삼촌은 자카르타에 사십니다.

**2. 올바른 문장이 되도록 배열해 봅시다.**

(1) Anda – kiri – di – belok – sana

______________________________.

(2) itu – di – Bank – Jalan Gajahmada – ada

______________________________.

(3) jalan – Anda – toko – sampai – terus – ke – depan

______________________________.

(4) Anda – dari – naik – stasiun – ke – bus – Bundang

______________________________.

(5) di – jalan – Anda – terus – perempatan – sampai

______________________________.

(6) Pom bensin – di – ada – kanan – rumah sakit – sebelah

______________________________.

## 문법

### 동사 ada

동사 ada는 사람 또는 사물의 존재를 나타낸다.

- 문형 1 (ada가 문장 가운데 사용)

| 명사 | 동사 ada | 장소 표현 | 시간 표현 |
|---|---|---|---|
| Dia | ada | di sini. | |
| Dia | ada | di sini | tadi. |

ex Orang itu ada di depan rumah saya.
그 사람은 제 집 앞에 있습니다.

Orang itu ada di depan rumah saya tadi.
그 사람은 방금 제 집 앞에 있었습니다.

- 문형 2 (ada가 문장 앞에 사용)

| 동사 ada | 명사 | 장소 표현 | 시간 표현 |
|---|---|---|---|
| Ada | orang | di sini. | |
| Ada | orang | di sini | tadi. |

ex Ada orang di depan rumah saya.
제 집 앞에 사람이 있습니다.

Ada orang di depan rumah saya tadi.
제 집 앞에 방금 사람이 있었습니다.

✅ 전치사 di(~에), ke(~로), dari(~로부터)

전치사 di, ke, dari는 장소 표현과 함께 사용된다.

ex Mereka ada di rumah.
그들은 집에 있습니다.

Mereka pergi ke rumah.
그들은 집에 갔습니다.

Mereka datang dari rumah.
그들은 집에서 왔습니다.

✅ 전치사 di, ke, dari는 구어 표현에서 동사 없이 사용되기도 한다.

ex Mereka (ada) di rumah.
그들은 집에 있습니다.

Mereka (pergi) ke rumah.
그들은 집에 갔습니다.

Mereka (datang) dari rumah.
그들은 집에서 왔습니다.

## Berbicara (말하기)

1. <예시>와 같이 그림에 관해 말해 봅시다.

예시

Di perempatan itu belok kiri.

(1)

(2)

(3)

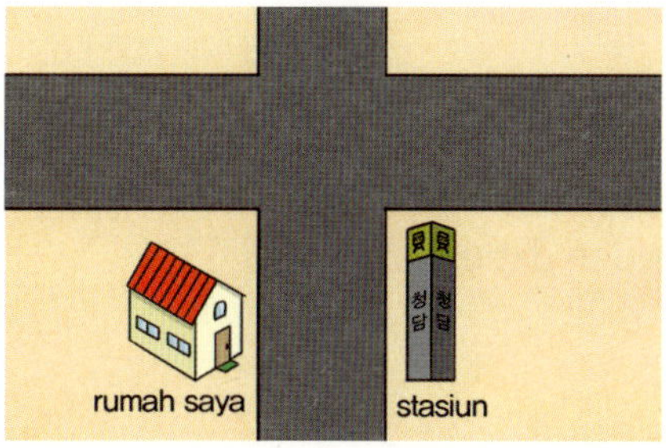

청담
청담
rumah saya
stasiun


(4)

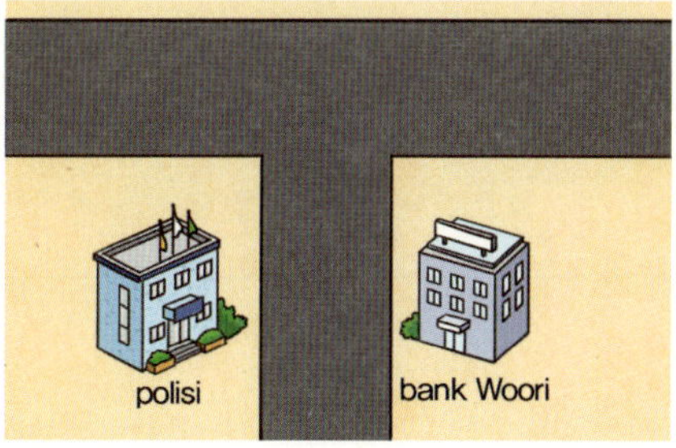

polisi
bank Woori


(5)

rumah saya
rumah sakit Dongso

## Menyimak (듣기)

**1. 대화를 듣고 빈칸을 채워 봅시다.**

예시 A: Kamar mandi ada di mana?
B: Kamar mandi ada di antara kamar adik dan dapur.

(1) A: Kamar tamu ada di mana?
B: ______________________________.

(2) A: Kamar tidur orang tua ada di mana?
B: ______________________________.

(3) A: Tangga ada di mana?
B: ______________________________.

(4) A: Di bagian mana ada kamar adik?
B: ______________________________.

## Menulis (쓰기)

(1) ruang tamu

(2) tangga

(3) dapur

(4) kamar tidur

(5) kamar kerja

(6) kamar mandi

(7) ruang makan

**1. 집의 시설이나 도구와 기능을 연결해 봅시다.**

| | |
|---|---|
| (1) ruang tamu • | • A. untuk memasak |
| (2) tangga • | • B. untuk bekerja |
| (3) dapur • | • C. untuk menerima tamu |
| (4) kamar tidur • | • D. untuk mandi |
| (5) kamar kerja • | • E. untuk naik |
| (6) kamar mandi • | • F. untuk makan |
| (7) ruang makan • | • G. untuk tidur |

**2. 집의 시설이나 도구의 기능을 간략하게 써 봅시다.**

예시 Kami menerima tamu di ruang tamu.

(1) Kami memasak di ____________________.

(2) Kami tidur di ____________________.

(3) Kamar mandi untuk ____________________.

(4) Kamar kerja untuk ____________________.

(5) Kami berkumpul dan menonton televisi di ____________________.

## 활용어휘

perempatan 사거리
terus-menerus 계속해서
toko 상점
lemari baju 옷장
kursi 의자
sapu 빗자루
rak 선반
wastafel 세면대
pompa bensin 주유소
ukuran 크기
antara 사이
dari mana 어디로부터
memotong 자르다
barang 물건
wajan 프라이팬
mencuci 씻다
muka 얼굴
pakaian 옷
stasiun 역, 정거장
bagus 좋은

### ✔ 인도네시아 전통가옥

rumah gadang

ratenggaro

tongkonan

rumah lamin

pagaruyung

honai

MEMO

Pelajaran 8

# MEMBELI BARANG
# 물건 구매하기

## Tujuan Pelajaran (학습목표)

- 물건 구매 관련 기본어휘 및 활용어휘 익히기
- 물건 구매 관련 다양한 표현 배우기
- 행위의 빈도를 표현하는 빈도부사 익히기
- 문장 앞에 ayo 또는 mari를 사용하는 청유 표현 익히기

## 핵심 표현

Berapa harganya? 가격은 얼마입니까?
Mau beli apa? 무엇을 구매합니까?
Mas Darto, mau titip apa? 다르또 씨, 무엇을 부탁하고 싶으세요?
Apakah Anda selalu makan mangga? 당신은 언제나 망고를 먹습니까?
Mari kita makan di sini! 우리 여기서 먹읍시다!

## Bacaan 1 (읽기 1)

### Mau beli apa? (무엇을 구매합니까?)

| | |
|---|---|
| Darto | Halo, Parmi. |
| Parmi | Halo juga, Mas Darto. |
| Darto | Anda mau ke mana? |
| Parmi | Mau ke warung, Mas! |
| Darto | Warung mana? |
| Parmi | Warung Pak Hasan, di dekat rumah sakit. |
| Darto | Mau beli apa? |
| Parmi | Mau beli buah dan sayuran. Mau titip? |
| Darto | Ya. |
| Parmi | Mas Darto mau titip apa? |
| Darto | Saya mau titip sabun mandi dan pasta gigi. Ini uangnya! |
| Parmi | Baik, Mas! |

| | |
|---|---|
| 다르또 | 안녕, 빠르미. |
| 빠르미 | 안녕, 다르또. |
| 다르또 | 당신은 어디 가고 있어? |
| 빠르미 | 가게 가고 있어. |
| 다르또 | 어느 가게에 가는데? |
| 빠르미 | 병원 근처에 있는 하산씨 가게에 가고 있어. |
| 다르또 | 무엇을 살 거야? |
| 빠르미 | 과일과 야채를 사러 가. 부탁할 것이 있니? |
| 다르또 | 응. |
| 빠르미 | 다르또, 무엇이 필요해? |
| 다르또 | 화장비누와 치약을 부탁하고 싶어. 여기 돈이야! |
| 빠르미 | 좋아! |

## 기본어휘

belanja 쇼핑
pasar 시장
beli 구매하다
sayuran 야채
sabun mandi 화장비누
warung 노점, 가게
rokok 담배
uang 돈
buah 과일
titip 부탁하다
pasta gigi 치약

## 기본문형

Mau ke mana?
어디로 가세요?

Mau membeli apa?
무엇을 사실 거예요?

Mau titip apa?
부탁할 것이 있나요?

Mau mencari apa?
무엇을 찾으세요?

깔리만딴의 수상 시장

## 활용문형

Parmi mau ke mana?
빠르미 어디 갑니까?

Parmi mau ke pasar.
빠르미는 시장에 갑니다.

Anda mau ke mana?
당신은 어디 갑니까?

Saya mau ke kios.
나는 매점에 갑니다.

Warung mana?
어느 가게인데요?

Warung Pak Hasan
하산 씨 가게예요.

Warung di persimpangan
교차로에 있는 가게예요.

Parmi mau beli apa?
빠르미 무엇을 사고 싶으세요?

Parmi mau beli sabun.
빠르미는 비누를 사고 싶습니다.

Anda mau beli apa?
당신은 뭘 사고 싶습니까?

Saya mau beli pasta gigi.
나는 치약을 사고 싶습니다.

Apakah Santi mau titip?
산띠 양 부탁할 거 있습니까?

Ya, saya mau titip.
네, 있어요.

Tidak, terima kasih.
아니요, 고마워요.

## Bacaan 2 (읽기 2)

### Anda sudah pernah ke Kemang? (당신은 끄망에 가 본 적이 있습니까?)

Jinho Hai, Santi! Apa kabar?

Santi Eh, Jinho! Baik!
Sudah lama tidak bertemu.

Jinho Iya. Saya sibuk belajar. Kamu mau ke mana?

Santi Kebetulan saya mau berbelanja. Kamu mau ikut?

Jinho Ke mana?

Santi Ke Kemang. Sudah pernah ke sana?

Jinho Ya, sudah pernah. Tetapi saya jarang pergi ke sana.

Santi Kalau saya, sering ke sana. Saya senang berbelanja di Supermarket Hero.

Jinho Saya kadang-kadang saja ke sana. Saya lebih sering ke Supermarket Lotte.

Santi Ayo kita pergi sekarang.

Jinho Ayo!

진호 안녕, 산띠! 어떻게 지내니?

산띠 오, 진호! 잘 지내고 있어!
아주 오랜만이네.

진호 그래. 나는 공부하느라 바빴어. 어디 가는 길이야?

산띠 마침 나는 쇼핑하러 가는데 너도 같이 갈래?

진호 어디로 가는데?

산띠 끄망에. 그곳에 가 봤어?

진호 응, 간 적이 있어. 그런데 나는 가끔 거기 가.

산띠 나는 거기 자주 가. 그곳에 있는 헤로 슈퍼마켓에서 장 보는 것을 좋아해.

진호 나는 가끔 거기에 가는 편이야. 롯데 슈퍼마켓에 더 자주 가.

산띠 우리 지금 가자.

진호 그러자!

| | |
|---|---|
| Santi | Pagi, Mbak. Ini ikan apa? |
| Pelayan | Itu ikan tuna. |
| Santi | Ikan tuna dari mana? |
| Pelayan | Dari Jepang. |
| Jinho | Saya suka tuna Jepang. Tuna dari Jepang enak. |
| Santi | Saya belum pernah makan tuna Jepang. Berapa harga ikan tuna ini? |
| Pelayan | Harganya Rp.30.000. |
| Santi | Saya mau satu ekor, Mbak. |
| Jinho | Saya juga. Tolong bungkus dengan kertas saja. |
| Santi | Ya. Dan tolong bungkus dengan rapi. |
| Jinho | Oh, iya. Penjualan bumbu dapur ada di mana, Mbak? |
| Pelayan | Penjualan bumbu dapur ada di lorong di sebelah kiri. |
| Jinho | Terima kasih, Mbak. |

| | |
|---|---|
| 산띠 | 안녕하세요. 이 생선은 무슨 생선이에요? |
| 판매원 | 참치에요. |
| 산띠 | 어디에서 온 참치예요? |
| 판매원 | 일본에서 온 것이에요. |
| 진호 | 나는 일본산 참치를 좋아해. 일본산 참치는 맛있어. |
| 산띠 | 나는 아직 일본 참치를 먹어 본 적이 없어요. 이 참치는 얼마예요? |
| 판매원 | 띠가 뿔루 리브(3만) 루피아입니다. |
| 산띠 | 한 마리 주세요. |
| 진호 | 저도요. 그냥 종이로 포장해 주세요. |
| 산띠 | 아, 그리고 깔끔하게 포장해 주세요. |
| 진호 | 양념 가게는 어디에 있어요? |
| 판매원 | 양념 가게는 왼편 통로에 있습니다. |
| 진호 | 고맙습니다. |

## 기본어휘

kabar 뉴스, 소식
lama 긴, 오랜 기간, 옛날의
bertemu 만나다
sibuk 바쁜
belajar 공부하다
kerja 일
sambilan 부업
kebetulan 마침, 우연히
ikut 따르다, 함께하다
jarang 거의 ~ 하지 않는
tetapi 그러나
sering 종종
nanti 나중의
kasir 계산대
lebih 더
sekarang 지금
ikan 생선
tuna 참치
enak 맛있는
makan 먹다
ekor ~마리(단위)
bungkus 포장하다
kertas 종이
rapi 정돈된, 깔끔한
dapur 부엌
lorong 복도
terakhir 마지막의
kadang-kadang 가끔

## 기본문형

Ini ikan apa?
이것은 무슨 생선입니까?

Berapa harga ikan tuna Jepang ini?
이 일본 참치는 얼마입니까?

Penjualan bumbu di sebelah mana?
양념 가게는 어느 쪽에 있습니까?

## 활용문형

Ini ikan apa namanya?
이 생선 이름은 무엇입니까?

Itu ikan gurame.
그것은 구라메 생선입니다.

Berapa harga ikan gurame ini?
구라메 생선은 얼마입니까?

Harganya Rp.20.000.
두아 뿔루 리브(20,000) 루피아입니다.

Dari mana ikan ini?
이 생선은 어디서 왔습니까?

Ikan ini dari Makassar.
이 생선은 마카사르에서 왔습니다.

Berapa harganya?
가격은 얼마입니까?

Harganya Rp.15.000.
리마블라스 리브(15,000) 루피아입니다.

인도네시아의 생선

## 문법

**청유 표현 ayo & mari**

문장 앞에 Ayo 또는 Mari를 사용해 청유를 표현한다. Ayo보다 Mari가 더 격식 표현에 해당한다.

ex Ayo kita makan di sini.
우리 여기서 먹자.

Mari kita makan di sini.
우리 여기서 먹읍시다.

**빈도부사**

빈도부사는 동사 앞에서 행위의 빈도를 표현한다.

**selalu, senantiasa**

빈도부사 selalu와 senantiasa는 특정 행위가 변함없이 일어남을 표현한다.

ex Saya selalu makan langsat.
저는 항상 랑삿을 먹습니다.

Saya senantiasa makan mangga.
저는 언제나 망고를 먹습니다.

### ✓ sering, sering kali, kerap, kerap kali, acap kali

빈도부사 sering, sering kali, kerap, kerap kali, 그리고 acap kali는 특정 행위가 잦은 빈도로 일어남을 표현한다.

ex Saya sering minum jus sirsak.
저는 시르삭 주스를 자주 마십니다.

Saya sering kali minum jus pepaya.
저는 파파야 주스를 자주 마십니다.

Saya kerap minum jus markisa.
저는 흔히 마르끼사 주스를 마십니다.

Saya kerap kali minum jus nangka.
저는 흔히 낭까 주스를 마십니다.

Saya acap kali minum jus buah naga.
저는 용과 주스를 자주 마십니다.

### ✓ kadang-kadang, terkadang

빈도부사 kadang-kadang과 terkadang은 특정 행위가 가끔씩 일어남을 표현한다.

ex Saya kadang-kadang makan durian.
저는 가끔 두리안을 먹습니다.

Saya terkadang makan salak.
저는 때때로 살락을 먹습니다.

### ✓ jarang

빈도부사 jarang은 특정 행위가 드물게 일어남을 표현한다.

ex Saya jarang makan belimbing.
저는 거의 블림빙(스타프루트)을 먹지 않습니다.

Saya jarang makan jambu.
저는 구아버를 거의 먹지 않습니다.

## Berbicara (말하기)

**1. <예시>와 같이 그림을 보고 상황에 맞는 대화를 해 봅시다.**

| 예시 | |
|---|---|
| - Ini toko apa? | → Ini toko baju. |
| - Di toko ini ada apa? | → Di toko ini ada kebaya dan celana. |
| - Berapa harga kebaya ini? | → Harga kebaya Rp. 35.000. |

(1) Pasar ikan

(2) Warung

(3) Toko buah-buahan

(4) Supermarket

## Menyimak (듣기)

**1. 대화를 듣고 빈칸을 채워 봅시다.**

| | |
|---|---|
| Santi | Mbak Parmi mau ke mana? |
| Parmi | Ke kios. Saya mau beli (______________________). |
| Santi | Mbak Parmi, boleh saya (______________________)? |
| Parmi | Boleh. Mbak Santi mau beli apa? |
| Santi | Saya mau beli sabun mandi. |
| Parmi | Sabun apa? |
| Santi | Sabun Lux. Ini (______________________). |
| Parmi | Ya. |

가정 생필품을 파는 잡화상

## Menulis (쓰기)

**1. <예시>와 같이 답해 봅시다.**

예시 merah / hitam

Teman Parmi mau pasta gigi yang mana, yang merah atau yang hitam?

Parmi Saya mau yang merah saja.

(1) merah / hitam

Teman Parmi mau yang mana? Yang merah atau yang hitam?

Parmi ______________________________

(2) pisang / anggur

Teman Parmi mau yang mana? Pisang atau anggur?

Parmi ______________________________

(3) sabun mandi / sabun cuci

Teman Parmi mau yang mana? Sabun mandi atau sabun cuci?

Parmi ______________________________

(4) mangga / durian

Teman Parmi mau yang mana? Mangga atau durian?

Parmi ______________________________

## 활용어휘

gula 설탕
garam 소금
nasi 밥
ikan makerel 고등어
sabun mandi 세숫비누
pasta gigi 치약

beras 쌀
mi 면, 국수
ikan 생선
ikan teri 멸치
kios 매점
sikat gigi 칫솔

### 과일

apel 사과

nanas 파인애플

mangga 망고

pisang 바나나

manggis 망고스틴

durian 두리안

semangka 수박

stroberi 딸기

garbis 참외

jambu 잠부

belimbing 블림빙/스타프루트

buah naga 용과

markisa 마르끼사

sirsak 시락

pepaya 파파야

nangka 낭까

pir 배

persik 복숭아

kesemek 감

tomat 토마토

lemon 레몬

✓ 맛

manis 단
pahit 쓴
asin 짠
tawar 심심한

enak 맛있는
asam 신
pedas 매운

MEMO

Pelajaran 9

# RUMAH MAKAN
## 식당

### Tujuan Pelajaran (학습목표)

- 식당 및 음식 관련 기본어휘 및 활용어휘 익히기
- 식당, 음식, 주문 관련 다양한 표현법 배우기
- 다양한 부사 익히기
- 불변화사 -kah와 결합된 의문사 익히기

### 핵심 표현

Anda mau pesan apa? 당신은 무엇을 주문하시겠어요?
Anda mau makan apa? 당신은 무엇을 먹겠습니까?
Apakah makanan ini enak? 이 음식은 맛있습니까?
Berapa harga sate ini? 이 꼬치는 얼마입니까?

## Bacaan 1 (읽기 1)

### Memesan makanan (음식을 주문하기)

| | |
|---|---|
| Jinho | Selamat sore, Santi! Kamu sudah selesai kuliah? |
| Santi | Hai Jinho. Selamat sore juga. Ya, aku baru selesai kuliah. |
| Jinho | Sekarang kamu mau ke mana? |
| Santi | Saya mau ke restoran. Kamu sudah makan malam? |
| Jinho | Belum. Kebetulan saya juga lapar. Kamu mau makan apa? |
| Santi | Saya mau makan steik. |
| Jinho | Saya mau makan ayam goreng saja. |
| Santi | Kita bisa naik mobil kamu? |
| Jinho | Tentu saja. Ayo! |

| | |
|---|---|
| 진호 | 안녕, 산띠! 너 수업 끝났니? |
| 산띠 | 안녕, 진호. 나 이제 막 수업이 끝났어. |
| 진호 | 지금 어디 가고 있어? |
| 산띠 | 나는 식당에 가고 있어. 너는 저녁을 먹었니? |
| 진호 | 아직, 마침 나도 배가 고파. 너는 무엇을 먹고 싶은데? |
| 산띠 | 스테이크 먹고 싶어. |
| 진호 | 나는 닭튀김을 먹고 싶어. |
| 산띠 | 우리 네 차 타고 갈 수 있어? |
| 진호 | 물론이지. 가자! |

| | |
|---|---|
| Pelayan | Selamat datang.Anda mau pesan apa? |
| Santi | Saya mau pesan steik. |
| Pelayan | Kami punya steik sapi dan steik dada ayam. Anda mau yang mana? |
| Santi | Saya mau steik sapi saja. |
| Pelayan | Anda mau pesan apa? |
| Jinho | Saya pesan ayam goreng. Bagian dada ya. |
| Pelayan | Baiklah. Anda mau minum apa? |
| Jinho | Kita pesan bir, Santi? |
| Santi | Saya tidak boleh minum bir. |
| Jinho | Kalau begitu, kami pesan jus dan teh hijau saja. |
| Pelayan | Baiklah. Terima kasih. |

| | |
|---|---|
| 종업원 | 어서 오세요. 무엇을 주문하시겠어요? |
| 산띠 | 저는 스테이크를 주문할게요. |
| 종업원 | 저희 가게에는 스테이크와 닭 가슴살 스테이크가 있습니다. 무엇을 원하세요? |
| 산띠 | 저는 스테이크로 주문할게요. |
| 종업원 | 무엇을 주문하시겠어요? |
| 진호 | 저는 닭튀김을 주문할게요. 가슴살 부분이요. |
| 종업원 | 네, 음료수는 뭘로 할까요? |
| 진호 | 우리 맥주 마실까, 산띠? |
| 산띠 | 난 맥주 못 마셔. |
| 진호 | 그러면 우리는 주스와 녹차를 주문할게요. |
| 종업원 | 알겠습니다. 감사합니다. |

## 기본어휘

selesai 끝나다
kuliah 수업
tentu saja 물론
naik 타다
bir 맥주
teh 차

sapi 소
dada 가슴
ayam 닭
pesan 주문
bisa ~할 수 있다
pelayan 종업원

## Bacaan 2 (읽기 2)

### Apakah makanan ini enak? (음식이 맛있습니까?)

| | |
|---|---|
| Pelayan | Selamat datang. Anda mau makan apa? |
| Santi | Saya mau pesan nasi campur, ayam goreng, dan es teh. |
| Parmi | Saya minta soto betawi, nasi, sate kambing, dan es jeruk. |

(Beberapa saat kemudian)

| | |
|---|---|
| Pelayan | Silakan. |
| Parmi/Santi | Terima kasih, Pak. |
| Santi | Soto betawi itu kelihatan enak. Boleh saya coba sedikit? |
| Parmi | Tentu saja. Silakan. |
| Santi | Wah, enak sekali! |
| Parmi | Nasi campur itu enak? |
| Santi | Mmm···tidak begitu enak. Ayam goreng ini enak. |
| Santi | Oh ya? Boleh saya minta satu? |
| Parmi | Ya, silakan. |
| Santi | Wah, enak. Dagingnya empuk dan bumbunya manis pedas. |

| | |
|---|---|
| 종업원 | 어서 오세요. 무엇을 드시겠어요? |
| 산띠 | 저는 비빔밥, 닭튀김, 그리고 냉차를 주문할게요. |
| 빠르미 | 저는 브따위 수프, 밥, 염소꼬치, 그리고 얼음 주스 주세요. |

(몇 분 후)

| | |
|---|---|
| 종업원 | 나왔습니다. |
| 빠르미/산띠 | 감사합니다. |
| 산띠 | 이 브따위 수프 맛있어 보이네. 조금 먹어 봐도 돼? |
| 빠르미 | 물론이지. 먹어 봐. |
| 산띠 | 와, 진짜 맛있네. |
| 산띠 | 비빔밥 맛있어? |
| 빠르미 | 음....그렇게 맛있진 않아. 닭튀김이 맛있네. |
| 산띠 | 오 그래? 하나만 먹어 봐도 돼? |
| 빠르미 | 응, 먹어 봐. |
| 산띠 | 와, 맛있네. 닭튀김은 부드럽고 소스는 달고 맵네. |

## 기본어휘

makanan 음식
semua 모든
soto 수프
nasi 밥
sate 꼬치
kambing 염소
beberapa 몇몇의
kemudian 뒤에, 나중에
campur 혼합된
sekali 매우, 몹시
empuk 부드러운
bumbu 양념

**1. 다음 내용이 맞으면 O, 틀리면 X로 표시해 봅시다.**

(1) Parmi dan Santi makan di rumah mereka. (　　)

(2) Santi dan Parmi memesan makanan yang enak. (　　)

(3) Santi memesan es teh. (　　)

(4) Parmi memesan sate kambing. (　　)

(5) Ayam goreng itu tidak enak. (　　)

## 기본문형

Anda mau makan apa?
당신은 무엇을 먹을래요?

Boleh saya minta satu?
하나 부탁해도 될까요?

Apakah sate ini enak?
이 꼬치 맛있습니까?

## 활용문형

Anda mau makan apa?
당신은 무엇을 먹을래요?

→ Saya mau makan sate kambing
저는 염소꼬치를 먹을게요.

Anda mau pesan apa?
당신은 무엇을 주문하실래요 ?

→ Saya mau pesan sate kambing.
나는 염소꼬치를 주문할게요.

Boleh saya minta soto satu?
수프 하나 부탁해도 될까요?

→ Boleh
물론이죠.

Boleh saya makan sedikit?
조금 먹어 봐도 될까요?

→ Tentu saja. Silakan.
물론이죠. 드셔 보세요.

## 문법

### 상 부사
인도네시아어에는 상(aspect)을 나타내는 여러 부사가 있다. 여기서 상이란 일정 시점에서 특정 동작이 어느 과정에 있는지를 나타내는 문법 범주를 말한다.

### akan, bakal (~할 것이다)
특정 사건이 앞으로 일어날 것임을 표현하기 위해 부사 akan과 bakal이 사용된다. 이 중에서 bakal은 먼 미래 사건을 나타낼 때에만 사용되는 경향이 있다.

ex Mereka akan pergi ke Korea besok.
그들은 내일 한국에 갈 것이다.

Mereka bakal pergi ke Korea besok. (x)

Saya akan menjadi presiden kelak.
나는 훗날 대통령이 될 것이다.

Saya bakal menjadi presiden kelak.
나는 훗날 대통령이 될 것이다.

### sedang, tengah, lagi (~하는 중이다)
특정 사건이 일어나고 있음을 표현하기 위해 부사 sedang, tengah, 그리고 lagi가 사용된다. 이 중에서 lagi는 구어 표현에서 주로 사용한다.

ex Mereka sedang makan oncom.
그들은 온쫌을 먹고 있습니다.

Mereka tengah makan nasi tumpeng.
그들은 나시 뚬뻥을 먹고 있습니다.

Mereka lagi makan nasi timbel.
그들은 나시 띰블을 먹고 있습니다.

### ✓ masih (아직 ~하고 있다)

특정 사건이 아직 계속되고 있음을 표현하기 위해 부사 masih가 사용된다.

ex Mereka masih makan konro.
그들은 아직 콘로를 먹고 있습니다.

Mereka masih minum teh manis.
그들은 아직 달콤한 차를 마시고 있습니다.

### ✓ sudah, telah (이미 ~했다)

특정 사건이 이미 완료되었음을 표현하기 위해 부사 sudah와 telah가 사용된다. 부사 telah는 주로 격식 표현에 사용된다.

ex Mereka sudah makan karedok.
그들은 이미 까레독을 먹었습니다.

Mereka telah minum bajigur.
그들은 이미 바지구르를 마셨습니다.

### ✓ belum (아직 ~하지 않았다)

특정 사건이 완료되지 않았음을 표현하기 위해 부사 belum이 사용된다.

ex Mereka belum makan nasi campur.
그들은 아직 비빔밥을 다 먹지 않았습니다.

Mereka belum minum cendol.
그들은 아직 첸돌을 다 마시지 않았습니다.

### ✓ pernah (~한 적이 있다)

특정 사건을 경험한 적이 있음을 표현하기 위해 부사 pernah이 사용된다.

ex Mereka pernah makan saksang.
그들은 삭상(바탁족의 전통음식)을 먹은 적이 있습니다.

Mereka pernah minum kopi lintong.
그들은 린통 커피(북부 수마트라 섬에서 재배된 커피)를 마신 적이 있습니다.

### ✓ 법 부사

인도네시아어에는 법(mood)을 나타내는 여러 부사가 있다. 여기서 법이란 명제에 대한 화자의 심리적 태도를 보여주는 문법 범주로, 직설법, 가정법, 명령법 등이 있다.

### ✓ harus (해야 한다)

부사 harus는 명제에 대한 화자의 태도가 의무라는 점을 보여준다.

ex Mereka harus minum obat.
그들은 약을 먹어야 합니다.

Mereka harus minum teh herbal.
그들은 허브차를 마셔야 합니다.

### ✓ bisa, dapat (할 수 있다)

부사 bisa와 dapat은 명제에 대한 화자의 태도가 가능성이라는 점을 보여준다. 부사 dapat은 흔히 격식 표현에서 사용된다.

ex Mereka bisa makan gudeg.
그들은 구득을 먹을 수 있습니다.

Mereka dapat minum jus jeruk.
그들은 오렌지주스를 마실 수 있습니다.

### ✓ boleh (해도 좋다)

부사 boleh는 명제에 대한 화자의 태도가 허가 또는 허락이라는 점을 보여준다.

ex Mereka boleh makan onde-onde.
그들은 온데온데를 먹어도 됩니다.

Mereka boleh minum sekoteng.
그들은 스코텡을 마셔도 됩니다.

### ✓ 의문사 + 불변화사 -kah

의문사는 불변화사 -kah와 결합해 격식성(문어체)을 나타낸다. 이때 의문사는 문장 앞에 와야 한다.

### ✓ apa

| | |
|---|---|
| Apa ini? | 이것은 무엇입니까? |
| Ini apa? | 이것은 무엇입니까? |
| Apakah ini? | 이것은 무엇입니까? |
| Ini apakah? | (X) |

### ✓ siapa

| | |
|---|---|
| Siapa ini? | 이 사람은 누구입니까? |
| Ini siapa? | 이 사람은 누구입니까? |
| Siapakah ini? | 이 사람은 누구입니까? |
| Ini siapakah? | (X) |

### ✓ kapan

Kapan Anda pergi ke Korea?
당신은 언제 한국에 방문합니까?

Kapankah Anda pergi ke Korea?
당신은 언제 한국에 방문합니까?

### ✓ berapa

Berapa harga tas ini?
이 가방의 값은 얼마입니까?

Berapakah harga tas ini?
이 가방의 값은 얼마입니까?

Harga tas ini berapa?
이 가방의 값은 얼마입니까?

Harga tas ini berapakah? (X)

## Berbicara (말하기)

**1. <예시>와 같이 그림에 대해 묻고 답해 봅시다.**

예시

A: Selamat datang. Silahkan masuk.
B: Terima kasih.
A: Anda sudah pesan tempat?
B: Iya, saya sudah pesan atas nama Santi.

(1)

A: Mau makan apa?

B: ______________________.

A: Dan minum apa?

B: ______________________.

(2)

A: Boleh saya minta bonnya?

B: ______________________.

A: Berapa semuanya?

B: ______________________.

2. <예시>와 같이 질문에 답해 봅시다.

예시 sate ayam

A: Anda mau makan apa?

B: Saya mau makan sate ayam.

(1) nasi goreng

A: Anda mau makan apa?

B: Saya mau makan ______________________.

(2) soto

A: Anda mau makan apa?

B: Saya mau makan ______________________.

(3) mi goreng

A: Anda mau makan apa?

B: Saya mau makan ______________________.

(4) gado-gado

A: Anda mau makan apa?

B: Saya mau makan ______________________.

3. <보기>에서 알맞은 단어를 찾아 밑줄을 채운 뒤, 손님과 종업원 사이의 음식 주문 상황을 묘사해 봅시다.

**보기** menu, tamu, sendok, sumpit, pelayan, gelas

(4) ____________

(3) ____________ (1) ____________

(5) ____________ (6) ____________ (2) ____________

## Menyimak (듣기)

**1. 지문을 듣고 그림과 맛을 연결해 봅시다.**

(A)  • • ① 셔요

(B)  • • ② 달아요

(C) 

• • ③ 써요

(D)  • • ④ 매워요

(E)  • • ⑤ 짜요

**2. 대화를 듣고 빈칸을 채워 봅시다.**

Jinho　Pak Darto, apakah Anda (____________________) kopi?

Darto　Ya, saya suka kopi. Bagaimana dengan Anda?

Jinho　Saya suka (____________________).

Darto　Apakah teh hijau manis?

Jinho　Tidak, teh hijau tidak (____________________).

**3. 지문을 듣고 주문한 내용을 체크해 봅시다.**

| Menu Makanan | Jinho | Darto | Santi | Parmi |
|---|---|---|---|---|
| Nasi goreng spesial | | | | |
| Nasi goreng seafood | | | | |
| Ayam goreng | | | | |
| Bakso sapi | | | | |
| Nasi putih | | | | |
| Daftar Minuman | | | | |
| Air mineral | | | | |
| Es jeruk | | | | |
| Es teh | | | | |

## Menulis (쓰기)

**1. 다음 표를 보고 인도네시아 음식에 관해 문장을 완성해 봅시다.**

| Apakah nama makanan ini? (이 음식의 이름은 무엇입니까?) | | | | |
|---|---|---|---|---|
| Sate ayam | Nasi goreng | Gado-gado | Mi goreng | Soto |
| Kapan makan makanan ini? (이 음식은 언제 먹나요?) | | | | |
| Siang | Pagi | Sore | Malam | Pagi |
| Berapa harganya? (얼마인가요?) | | | | |
| Rp30.000 | Rp74.000 | Rp50.000 | Rp.45.000 | Rp.66.000 |
| Ada apa dalam makanan ini? (이 음식 안에 무엇이 들어있나요?) | | | | |
| Daging | Nasi, telur, sayuran, daging | Kubis, Kentang, Wortel, Kacang tanah | Mi, telur | Daging ayam |
| Bagaimana rasanya? (맛은 어떤가요?) | | | | |
| Manis | Pedas | Manis | Manis | Asin |

(1) Makanan ini adalah ________________. Orang Indonesia sering makan ini. Biasanya orang Indonesia makan makanan ini pada ________________ hari. Makanan ini tidak mahal. Harganya ________________. Di dalam makanan ini ada ________________. Makanan ini manis.

(2) Makanan ini adalah ________________. Orang Jepang suka makan makanan ini. Biasanya orang Jepang makan makanan ini pada ________________ hari. Makanan ini tidak mahal. Harganya ________________. Di dalam makanan ini ada ________________. Makanan ini manis.

(3) Makanan ini adalah ____________________. Orang Korea tidak suka makan ini.

Biasanya orang Korea makan makanan ini pada ____________________ hari.

Makanan ini tidak mahal. Harganya ____________________. Di dalam makanan

ini ada ____________________. Makanan ini asin.

(4) Makanan ini adalah ____________________. Orang Indonesia sering makan ini.

Biasanya orang Indonesia makan makanan ini pada ____________________ hari.

Makanan ini tidak mahal. Harganya ____________________. Di dalam makanan

ini ada ____________________. Makanan ini pedas.

(5) Makanan ini adalah ____________________. Orang Filipina suka makan ini.

Biasanya orang Filipina makan makanan ini pada ____________________ hari.

Makanan ini tidak mahal. Harganya ____________________. Di dalam makanan

ini ada ____________________. Makanan ini manis.

## 활용어휘

kalau begitu 그렇다면
kambing 염소
minuman 음료
mahal 비싼
sendok 숟가락
sumpit 젓가락
sering 종종
murah 값싼

돼지 바비큐

Pelajaran 10

# HOBI
# 취미

## Tujuan Pelajaran (학습목표)

- 취미 관련 기본어휘 및 활용어휘 익히기
- 취미 관련 다양한 표현 배우기
- 접두사 ber-의 결합형태와 의미파생 익히기

### 핵심 표현

Apa hobi Anda? 당신의 취미는 무엇입니까?
Apakah Anda suka berenang? 당신은 수영을 좋아합니까?
Apakah Anda bisa bermain piano? 당신은 피아노를 연주할 수 있습니까?
Apa alat musik yang Anda bisa mainkan? 당신이 연주할 수 있는 악기는 무엇입니까?

## Bacaan 1 (읽기 1)

### Apa hobi Anda? (당신의 취미는 무엇입니까?)

Santi　Selamat pagi, Parmi.
Parmi　Selamat pagi, Santi.
Santi　Hari ini hari libur. Kamu mau pergi ke kampus?
Parmi　Tidak, Santi. Saya mau berenang.
Santi　Kamu suka berenang, ya?
Parmi　Ya, hobi saya berenang. Apakah kamu juga suka berenang?
Santi　Mmm...ya, ya, suka. Tetapi berenang bukan hobi saya.
Parmi　Lalu, apa hobi kamu?
Santi　Hobi saya bermain musik.
Parmi　Oh, begitu. Apa alat musik yang kamu mainkan?
Santi　Saya suka bermain biola. Kamu bisa bermain biola?
Parmi　Tidak, saya tidak bisa bermain biola.
Santi　Kamu bisa bermain apa?
Parmi　Piano.
Santi　Wah, bagus. Kalau begitu, kita bisa bermain musik bersama nanti.
Parmi　Tentu saja. Tetapi harus saya pergi sekarang. Sampai jumpa lagi.

산띠　안녕하세요, 빠르미.
빠르미　안녕하세요, 산띠.
산띠　오늘 휴일이네. 너는 캠퍼스에 갈 거니?
빠르미　아니야, 산띠. 나는 수영하러 갈 거야.
산띠　너는 수영 좋아하니?
빠르미　응, 내 취미는 수영이야. 너도 수영 좋아하니?
산띠　음... 응, 좋아해. 그런데 내 취미는 수영이 아니야.
빠르미　그러면 네 취미는 무엇이야?
산띠　내 취미는 악기를 연주하는 거야.
빠르미　아, 그래. 네가 좋아하는 악기는 무엇이니?
산띠　나는 비올라 연주를 좋아해. 너도 비올라 연주를 할 수 있니?
빠르미　아니, 나는 비올라 연주를 할 수 없어.
산띠　너는 어떤 악기를 연주할 수 있어?
빠르미　피아노.

산띠 와, 멋진데. 그렇다면 우리 함께 악기 연주를 해 보자.
빠르미 물론이지. 근데 나는 지금 가야만 해. 다시 만나자.

## 기본어휘

hobi 취미
biola 비올라
bermain 놀다, 연주하다
berenang 수영하다
musik 음악
suka 좋아하다
bagus 좋은
lalu 지나가다, 그러고 나서

**1. 다음 내용이 맞으면 O, 틀리면 X로 표시해 봅시다.**

(1) Parmi akan pergi ke kampus. (　　)

(2) Berenang bukan hobi Santi. (　　)

(3) Santi tidak bisa berenang. (　　)

(4) Parmi tidak suka bermain musik. (　　)

(5) Parmi suka bermain biola. (　　)

**2. 다음 질문에 답해 봅시다.**

(1) Kapan Parmi dan Santi bertemu? (　　)

① pagi hari
② siang hari
③ sore hari
④ malam hari

(2) Mengapa Parmi tidak pergi ke kampus? (　　)

① sakit
② hari libur
③ dia bermain musik
④ hujan badai

(3) Parmi akan pergi ke mana? (　　　)

① kampus

② perpustakaan

③ warung

④ berenang

(4) Apa hobi Santi? (　　　)

① bermain musik

② berenang

③ membaca

④ bermain golf

(5) Apa alat musik yang dimainkan Parmi? (　　　)

① gitar

② piano

③ gendang

④ biola

보로부두르 사원 여행

## Bacaan 2 (읽기 2)

### Memancing (낚시하기)

Nama saya Santi. Saya tinggal di Jakarta dengan keluarga saya. Saya bersekolah di Sekolah Menengah Pertama(SMP). Setiap pagi, saya pergi ke sekolah naik bus. Saya suka belajar di perpustakaan sekolah. Adik saya bersekolah di Sekolah Dasar(SD). Dia berjalan kaki ke sekolah. Adik saya suka menonton Televisi(TV) di rumah. Ibu saya bekerja di kantor. Beliau pergi ke kantor naik mobil. Beliau suka memasak di rumah. Keluarga kami suka memancing. Kami memancing setiap hari Minggu di laut. Ayah tidak suka memancing. Tapi, beliau suka berjalan-jalan di pantai. Malam hari, kami makan ikan bakar di restoran di tepi pantai.

저는 산띠입니다. 저는 가족과 함께 자카르타에 살고 있습니다. 저는 중학교에 다닙니다. 매일 아침 저는 버스를 타고 학교에 갑니다. 저는 학교 도서관에서 공부하는 것을 좋아합니다. 제 동생은 초등학교에 다닙니다. 그는 걸어서 학교에 갑니다. 동생은 집에서 텔레비전 보는 것을 좋아합니다. 저의 어머니는 사무실에서 일합니다. 어머니는 자동차를 타고 사무실로 갑니다. 어머니는 집에서 요리하는 것을 좋아합니다. 우리 가족은 낚시를 좋아합니다. 우리는 일요일마다 바다에서 낚시합니다. 아버지는 낚시를 좋아하지 않습니다. 그러나 아버지는 해변에서 걷기를 좋아합니다. 밤에 우리는 해변가에 있는 식당에서 생선구이를 먹습니다.

라부안 바조 항구 및 낚시터

## 기본어휘

keluarga 가족
bersekolah 학교에 다니다
SMP 중학교
biasanya 보통
belajar 공부하다
menonton (영상-TV, 영화를) 보다
kantor 사무실
bakar 굽다
beliau 그분(3인칭)
memasak 요리하다
memancing 낚시하다
laut 바다
setiap hari 매일
kadang-kadang 가끔
berjalan-jalan 걷다
tepi 외곽, 가장자리

**1. 다음 질문에 답해 봅시다.**

(1) Santi tinggal di mana? (      )

① Seoul
② Bandung
③ Jakarta
④ Surabaya

(2) Bagaimana adik Santi ke sekolah? (      )

① naik mobil
② naik bus
③ bersama ibu
④ berjalan kaki

(3) Apa kesukaan ibu? (      )

① membaca di perpustakaan
② menonton televisi
③ memasak
④ makan

(4) Di mana keluarga Santi memancing? (        )

① di sungai

② di kolam

③ di laut

④ di danau

(5) Apa hobi ayah? (        )

① berjalan di pantai

② menonton TV

③ memancing

④ membaca

## 기본문형

Kami suka memancing.
우리는 낚시하는 것을 좋아합니다.

## 활용문형

Kami suka memancing di sungai.
우리는 강에서 낚시하는 것을 좋아합니다.

Kami suka memancing di danau.
우리는 호수에서 낚시하는 것을 좋아합니다.

Kami suka memancing di laut.
우리는 바다에서 낚시하는 것을 좋아합니다.

Ibu suka memasak.
어머니는 요리하는 것을 좋아합니다.

Adik suka menonton televisi.
내 동생은 TV 보는 것을 좋아합니다.

## 문법

### 접두사 ber-

접두사 ber-는 자동사를 파생하는 인도네시아어의 주요 접두사이다.

#### 결합 형태

접두사 ber-는 다음과 같은 세 개의 이형태를 지닌다.

ber- : 일반적인 경우
be- : 어근의 첫 자음이 <r>이거나 어근의 첫 음절이 <er>로 끝나는 경우
bel- : 어근이 ajar 또는 unjur인 경우

ex ber- + nama → **ber**nama
ber- + rasa → **be**rasa
ber- + kerja → **be**kerja
ber- + ajar → **bel**ajar
ber- + ucap → **ber**ucap

#### 자동사 어근

접두사 ber-는 자동사와 결합할 때 의미 변화를 가져오지 않는다. 단지 격식을 나타내는 기능만을 갖는다.

| | |
|---|---|
| main | 운동하다, 연주하다 |
| bermain | 운동하다, 연주하다 |
| renang | 수영하다 |
| berenang | 수영하다 |
| lari | 달리다 |
| berlari | 달리다 |
| baring | 눕다 |
| berbaring | 눕다 |

ex Saya sering renang di kolam renang.
저는 종종 수영장에서 수영을 합니다.

Saya sering berenang di kolam renang.
저는 종종 수영장에서 수영을 합니다.

### 명사 어근(1)

접두사 ber-는 명사 어근과 결합해 '어근을 하다'라는 의미를 파생할 수 있다.

kelahi 싸움
berkelahi 싸우다
kerja 일
bekerja 일하다
usaha 사업
berusaha 사업하다
perang 전쟁
berperang 전쟁하다

ex Mereka saling berkelahi. 그들은 서로 싸웁니다.
Saya bekerja di kantor. 저는 사무실에서 일합니다.
Irak pernah berperang dengan Kuwait. 이라크는 쿠웨이트와 전쟁을 한 적이 있습니다.

### 명사 어근(2)

접두사 ber-는 명사 어근과 결합해 '어근에 가다/다니다'라는 의미를 파생할 수 있다.

sekolah 학교
bersekolah 학교에 가다/다니다

ex Anak saya bersekolah di Sekolah Menengah Atas(SMA) sejak tahun 2018.
제 아이는 2018년부터 고등학교에 다녔습니다.

## Berbicara (말하기)

**1. <예시>와 같이 질문에 답해 봅시다.**

예시 menonton film

A: Apa hobi Anda?

B: Hobi saya menonton film.

(1) mendaki gunung

A: Apa hobi Anda?

B: ______________________.

(2) mendengarkan musik

A: Apa hobi Anda?

B: ______________________.

(3) fotografi

A: Apa hobi Anda?

B: ______________________________.

(4) melukis

A: Apa hobi Anda?

B: ______________________________.

꾸빵의 전통악기

2. <예시>와 같이 다음 활동에 관해 말해 봅시다.

예시
- berolahraga dengan teman ( suka ) → Saya suka berolahraga dengan teman.
- pergi ke perpustakaan ( tidak suka ) → Saya tidak suka pergi ke perpustakaan.

(1) berjalan-jalan di taman ( suka )

naik gunung ( tidak suka )

(2) menonton film ( suka )

menulis surat ( tidak suka )

(3) membaca buku ( suka )

membaca surat kabar ( tidak suka )

(4) bermain musik ( suka )

mendengarkan musik ( tidak suka )

### 3. <예시>와 같이 대화해 봅시다.

예시

A: Apa hobi Anda?

B: Hobi saya menggambar.

C: Gambar seperti apa yang biasanya Anda buat?

D: Biasanya saya menggambar komik.

(1) berolahraga / tenis

(2) membaca buku / novel

(3) mendengarkan musik / irama

(4) memfoto / pemandangan

### 4. <예시>와 같이 묻고 답해 봅시다.

예시 berolahraga / 3 kali seminggu

A: Seberapa sering Anda berolahraga?

B: Saya berolahraga tiga kali seminggu.

(1) menonton film / 1 kali seminggu

(2) naik gunung / sekali sebulan

(3) bermain *game* komputer / sekali sehari

(4) bepergian / 4 kali setahun

## Menyimak (듣기)

**1. 대화를 듣고 빈칸을 채워 봅시다.**

Santi Besok saya akan naik gunung dengan ____________________.

Joko Wah, pasti ____________________.

Santi Apakah Anda ____________________ dengan saya?

Joko ____________________, saya tidak bisa ikut. Ada kelas di ____________________.

Santi Bagaimana kalau setelah ____________________?

Joko Iya, kalau ____________________ saya bisa ____________________.

Santi Baiklah. Kita akan ____________________ pada jam 2 ____________________.

Joko Kalau begitu, saya ikut. Apa ____________________ yang harus saya bawa?

Santi Anda hanya perlu membawa ____________________ dan kamera.

Joko Akan saya siapkan. ____________________.

**2. 지문을 듣고 산띠와 빠르미의 취미를 연결해 봅시다.**

| | |
|---|---|
| | • sepak bola |
| (1) Santi • | • bermain bulu tangkis |
| | • memasak |
| | • bernyanyi |
| (2) Parmi • | • bisbol |
| | • berenang |

**3. 대화를 듣고 빈칸을 채워 봅시다.**

Jinho Apa yang kamu lakukan di ______________?

Santi Aku pergi ke______________.

Jinho Apakah kamu sering pergi ke bioskop?

Santi Aku pergi ke bioskop dua kali ______________.

쁘람바난 사원

## Menulis (쓰기)

**1. <예시>와 같이 문장을 만들어 봅시다.**

예시 taman / berjalan-jalan

→ Saya suka berjalan-jalan di taman.

(1) keluarga / berkumpul dengan

→ ______________________________

(2) perpustakaan / membaca buku

→ ______________________________

(3) teman-teman / berolahraga

→ ______________________________

(4) bahasa asing / belajar

→ ______________________________

**2. <보기>에서 알맞은 어휘를 골라 문장을 완성해 봅시다.**

보기 berenang, tenis, pagi, sepak bola

Banyak orang berkumpul di lapangan. Ayah sedang berlari ____________. Anak-anak mengejar bola untuk bermain ____________. Santi dan Parmi memegang raket dan bermain ____________. Kakak dan temannya ____________ di kolam renang.

3. 그림을 보고 각 활동에 해당하는 알파벳을 찾아 쓴 뒤 <예시>와 같이 문장을 만들어 봅시다.

예시 bermain tenis (B) Saya bermain tenis hari ini.

(1) berolahraga (          ) ______________________________

(2) naik ayunan (          ) ______________________________

(3) joging / lari (          ) ______________________________

(4) memanjat tebing (          ) ______________________________

(5) piknik (          ) ______________________________

(6) bermain perosotan (          ) ______________________________

(7) duduk di taman ( ) ________________

(8) bersepeda ( ) ________________

(9) berjalan-jalan ( ) ________________

(10) bermain bisbol ( ) ________________

(11) naik *skateboard* ( ) ________________

(12) bermain pasir (________) ________________

빠랑뜨리띠스 해변

## 활용어휘

bermain musik 음악을 연주하다
bersepeda 자전거 타다
menonton film 영화 보다
rajin 부지런한
penting 중요한
perpustakaan 도서관
menggambar 그림 그리다
akhir pekan 주말
taman 공원
sungai 강
terlihat ~처럼 보인다
kegiatan 활동
melakukan ~하다
lemas 유연한
sepanjang hari 하루 종일
berucap 말하다
surat kabar 신문
pemandangan 경치
bioskop 영화관
televisi 텔레비전
kolam 연못

### 학교

Universitas 대학교

SMA 고등학교

SMP 중학교

SD 초등학교

TK 유치원

✓ 운동

sepak bola 축구

bola basket 농구

bola voli 배구

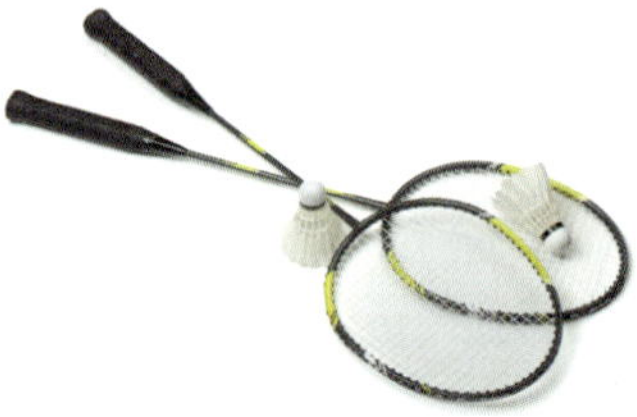

bulu tangkis 배드민턴

tenis 테니스

berenang 수영

bisbol 야구

joging 조깅

✓ 인도네시아 전통악기

suling 피리

gendang 북

gamelan 가믈란

kenong 실로폰

angklung 앙끌룽

kecapi 끄짜삐

MEMO

Pelajaran 11

# ULANG TAHUN
## 생일

### Tujuan Pelajaran (학습목표)

- 생일 관련 기본어휘 및 활용어휘 익히기
- 생일 관련 다양한 표현 배우기
- 초대장 작성해 보기
- 접두사 ber-, 복수 표현, 부가의문문 익히기

### 핵심 표현

Hari ulang tahun Anda pada tanggal berapa? 당신 생일은 며칠입니까?
Kapan Anda berulang tahun? 당신 생일은 언제입니까?
Sekarang ulang tahun Anda yang keberapa? 지금은 당신의 몇 번째 생일입니까?
Apa hadiah yang diberikan ayah pada ulang tahun kali ini? 이번 생일에 아버지가 주신 선물은 무엇입니까?

## Bacaan 1 (읽기 1)

### Hadiah ulang tahun (생일 선물)

Nama saya Ami. Saya adalah anak bungsu. Saya lahir pada tanggal 19 September 1996. Saya jarang mendapat ucapan selamat ulang tahun. Namun, tahun ini agak berbeda. Keluarga merayakan ulang tahun saya di restoran. Ada ayah, ibu, dan kakak saya. Selain itu, juga ada paman, bibi, dan sepupu saya.

Teman-teman kuliah saya juga datang. Mereka membeli kue yang besar untuk ulang tahun saya. Teman-teman memberi hadiah sebuah jam tangan. Keluarga memberi saya hadiah berupa buku dan tiket pesawat ke Korea. Saya senang sekali menerima semua hadiah itu. Jadi, saya mengucapkan terima kasih kepada keluarga dan teman-teman saya.

내 이름은 산띠입니다. 나는 막내이고, 1996년 9월 19일에 태어났습니다. 나는 거의 생일 축하를 받지 못했습니다. 그러나 올해에는 조금 달랐습니다. 가족들이 레스토랑에서 내 생일을 축하해 주었습니다. 아버지, 어머니, 형이 참석했습니다. 그 외에도 나의 삼촌과 숙모와 사촌도 참석했습니다.

나의 학교 친구들 또한 참석했습니다. 그들은 내 생일을 위해 커다란 케이크를 사 왔습니다. 친구들은 나에게 손목시계를 선물로 주었습니다. 가족들은 책과 한국행 비행기 표를 선물로 주었습니다. 나는 이 모든 선물을 받고 매우 기뻤습니다. 그래서 나는 내 친구들과 가족들에게 감사함을 전했습니다.

## 기본어휘

bungsu 막내
bersaudara 형제를 갖다
lahir 태어나다
tanggal 일(날짜)
jarang 거의 ~ 않다
merayakan 경축하다
teman 친구
membeli 구입하다
agak 약간
sebuah 수량사로서의 한 (개)

kue 과자
memberi 주다
hadiah 선물
tiket 표, 승차권
jam tangan 손목시계
memberi 주다
buku 책
pesawat 비행기
berbeda 차이가 있는

## Bacaan 2 (읽기 2)

Nama saya Santi. Saya lahir pada tanggal 17 November 1998. Jadi, tahun ini saya akan berulang tahun pada hari Minggu.

| | |
|---|---|
| Santi | Hai, Jinho. Apa kabarmu? |
| Jinho | Halo, Santi. Kabarku baik. Bagaimana dengan kamu? |
| Santi | Kabarku juga baik. Aku mau memberi kartu undangan kepadamu. |
| Jinho | Kartu undangan apa? |
| Santi | Aku mau mengundangmu pada ulang tahunku. |
| Jinho | Wah, asyik! Biar aku lihat kartu undangannya. |

### Hari ulang tahun Santi Marlia

**Kartu Undangan**

Dengan senang hati Aku mengundang teman-teman untuk merayakan ulang tahunku yang ke-20, pada

| | |
|---|---|
| Hari | Minggu, 17 November 2018, |
| Pukul | 4.00 sore |
| Tempat | Jalan Margawangi No. 51, Bandung |

Datang ya, teman-teman.
Terima kasih
Tanggal 5 November 2018
Santi Marlia

| | |
|---|---|
| Santi | Kamu bisa datang, kan? |
| Jinho | Iya. Aku pasti akan datang ke ulang tahunmu. |
| Santi | Terima kasih, Jinho. |
| Jinho | Sama-sama, Santi. Sampai jumpa hari Minggu. |
| Santi | Sampai jumpa nanti. |

내 이름은 산띠입니다. 나는 1998년 11월 17일에 태어났습니다. 그래서 올해에는 일요일에 생일을 맞게 됩니다.

| | |
|---|---|
| 산띠 | 안녕, 진호. 어떻게 지내고 있니? |
| 진호 | 안녕, 산띠. 난 잘 지내고 있어. 넌 어떻게 지내고 있니? |
| 산띠 | 나도 역시 잘 지내고 있어. 난 너에게 초대장을 보내고 싶어. |
| 진호 | 무슨 초대장인데. |
| 산띠 | 내 생일파티에 너를 초대하고 싶어. |
| 진호 | 와, 정말! 초대장을 보여줄 수 있어. |

**산띠 마르리아의 생일**

**초대장**

기쁜 마음으로 나의 20번째 생일파티에 친구들을 초대합니다.

| | |
|---|---|
| 일시 | 2018년 11월 17일, 일요일 |
| 시간 | 오후 4시 |
| 장소 | 반둥, 마르가왕이로 51번지 |

친구 여러분들의 참석을 바랍니다.
감사합니다.
2018년 11월 5일
산띠 마르리아

| | |
|---|---|
| 산띠 | 넌 참석할 수 있지? |
| 진호 | 그래. 네 생일에 꼭 참석할게. |
| 산띠 | 고마워, 진호. |
| 진호 | 천만에, 산띠. 일요일에 만나자. |
| 산띠 | 나중에 보자. |

## 기본어휘

kartu undangan 초대장
hadir 참석하다
Minggu 일요일
mengundang 초대하다
kabar 소식
biar ~하기 위하여/~하도록
November 11월

**1. 다음 질문에 답해 봅시다.**

(1) Siapa yang berulang tahun? (    )

① Jinho
② Santi
③ Yudi
④ Rudi

(2) Kapan dia berulang tahun? (    )

① 19 September
② 23 Maret
③ 17 November
④ 14 Juni

(3) Di mana pesta ulang tahunnya? (    )

① Restoran Bumbu Desa
② Jalan Margawangi No. 51, Bandung
③ Kampus
④ Jalan Jenderal Sudirman NO. 22, Jakarta.

(4) Pukul berapa pesta ulang tahunnya? (    )

① pukul 4 sore
② pukul 9 pagi
③ pukul 8 malam
④ pukul 2 siang

(5) Apakah Jinho akan datang? (　　　)

① belum tahu

② tidak

③ ya

④ mungkin

## 기본문형

Nama saya Santi.
내 이름은 산띠입니다.

Santi lahir pada tanggal 19 September 1996.
산띠는 1996년 9월 19일에 태어났습니다.

## 활용문형

Nama saya Jinho. Saya lahir pada tanggal 10 Januari 2003.
내 이름은 진호입니다. 나는 2003년 1월 10일에 태어났습니다.

Nama ibu dia Santi. Beliau lahir pada tanggal 10 April 1970 di Padang.
그의 엄마 이름은 산띠입니다. 그분은 1970년 4월 10일, 빠당에서 출생하셨습니다.

Kakak saya lahir pada tanggal 27 April 1994 di Medan.
내 형은 메단에서 1994년 4월 27일에 태어났습니다.

## 문법

### 접두사 ber-

접두사 ber-는 10과에서 살펴본 의미 외에 다음과 같은 의미도 나타낼 수 있다.

#### 명사 어근(3)

접두사 ber-는 명사와 결합해 '~을 가지고 있다/~가 있다'란 의미를 나타낸다.

| | |
|---|---|
| suami 남편 | bersuami 남편이 있다 |
| anak 아이, 자식 | beranak 자식이 있다 |
| saudara 형제 | bersaudara 형제가 있다 |
| kewajiban 의무 | berkewajiban 의무를 가지고 있다 |
| hak 권리 | berhak 권리를 가지고 있다 |

ex Saya bersuami.
저는 남편이 있습니다.

Saya bersuami orang Korea.
저는 한국인 남편이 있습니다.

Saya beranak dua.
저는 자식이 둘 있습니다.

Saya bersaudara.
저는 형제가 있습니다.

Saya bersaudara empat orang.
저는 형제가 넷 있습니다.

### ✓ 명사 반복

인도네시아어는 명사를 반복해 복수를 표현한다.

| | |
|---|---|
| teman 친구 | teman-teman 친구들 |
| buku 책 | buku-buku 책들 |
| pesawat 비행기 | pesawat-pesawat 비행기들 |
| jaket 자켓 | jaket-jaket 자켓들 |
| tas 가방 | tas-tas 가방들 |
| orang 사람 | orang-orang 사람들 |
| pendapat 의견 | pendapat-pendapat 의견들 |

### 부가 의문문

인도네시아어 부가의문문은 bukan/kan을 이용해 표현한다.

ex Anda datang ke rumah saya, bukan?
당신 우리 집에 올 거죠, 그렇죠?

Ini buku Anda, kan?
이것은 당신의 책이죠, 그렇죠?

### 대답하기

부가 의문문은 질문 내용이 옳으면 iya/ya로 대답하고, 질문 내용이 옳지 않으면 bukan 또는 tidak으로 대답한다.

ex Anda mahasiswa, kan?
당신은 대학생이죠, 그렇죠?

Iya, saya mahasiswa.
네, 저는 대학생입니다.

Bukan, saya bukan mahasiswa.
아니요, 저는 대학생이 아닙니다.

Anda bekerja di sini, kan?
당신 여기서 일하죠, 그렇죠?

Iya, saya bekerja di sini.
네, 저는 여기서 일합니다.

Tidak, saya tidak bekerja di sini.
아니요, 저는 여기서 일하지 않습니다.

## Berbicara (말하기)

**1. <예시>와 같이 질문에 답해 봅시다.**

예시 menonton film

A: Apakah kita pergi menonton film pada hari ulang tahun?

B: Mari kita menonton film bersama.

(1) tanggal 10 Juli

A: Kapan Anda berulang tahun?

B: ______________________________.

(2) ulang tahun ke-25

A: Sekarang Santi ulang tahun keberapa?

B: ______________________________.

(3) sepatu

A: Apa hadiah yang diberikan ayah pada ulang tahun kali ini?

B: ______________________________.

(4) restoran mewah

A: Di mana Parmi merayakan ulang tahunnya?

B: ______________________________.

(5) bunga

A: Apa hadiah ulang tahun yang dibawa Darto?

B: ______________________________.

**2. 서로 관련된 상황을 연결하고 <예시>와 같이 문장으로 말해 봅시다.**

예시

banyak tugas • —— • tidak bisa bermain hari ini

→ Saya tidak bisa bermain hari ini karena banyak tugas.

| | |
|---|---|
| (1) sakit tenggorokan • | • ① tidak pergi ke pesta |
| (2) tidak ada komputer • | • ② tidak berbicara |
| (3) ada janji • | • ③ tidak membeli hadiah |
| (4) tidak ada uang • | • ④ tidak mengirim e-mail |

(1) ______________________________

(2) ______________________________

(3) ______________________________

(4) ______________________________

**3. <예시>와 같이 대화해 봅시다.**

예시

| Menerima Ajakan | Menolak Aajakan |
|---|---|
| A: Apakah Anda ingin berbelanja besok?<br>B: Ya, baik. | A: Apakah Anda ingin berbelanja besok?<br>B: Maaf, saya ada janji besok. |

(1) malam ini / makan

(2) besok / berolahraga

(3) akhir pekan / bepergian

**4. <예시>와 같이 대화해 봅시다.**

예시

언제? 화요일

A: Kapan kita bertemu?

B: Kita bertemu pada hari Selasa.

어디에서? 학교 앞

A: Di mana kita bertemu?

B: Kita bertemu di depan sekolah.

| | (1) | (2) | (3) | (4) |
|---|---|---|---|---|
| Kapan? / Pukul berapa? | Sabtu | Mei | Pukul 3 sore | Pukul 7 malam |
| Di mana? | Di depan rumah | Di Restoran Seoul | Di depan polisi | Di depan stasiun |

(1) Kapan? A: ____________

B: ____________

Di mana? A: ____________

B: ____________

(2) Kapan? A: ____________

B: ____________

Di mana? A: ____________

B: ____________

(3) Pukul berapa? A: ____________

B: ____________

Di mana? A: ____________

B: ____________

(4) Pukul berapa? A: ____________

B: ____________

Di mana? A: ____________

B: ____________

## Menyimak (듣기)

**1. 지문을 듣고 질문에 답해 봅시다.**

(1) Hari ini hari ulang tahun Parmi, besok hari apa? (　　　)

① Kamis

② Jumat

③ Sabtu

④ Senin

(2) Kemarin hari apa? (　　　)

① Rabu

② Selasa

③ Senin

④ Minggu

(3) Bulan ini bulan Parmi lahir, bulan depan bulan apa? (　　　)

① Februari

② Agustus

③ April

④ Desember

(4) Bulan lalu bulan apa? (　　　)

① April

② Mei

③ Juli

④ Februari

**2. 대화를 듣고 빈칸을 채워 봅시다.**

Darto Apakah kita bisa pergi ke __________________ sore ini?

Jinho Ya, bisa. Aku akan menemanimu. Kamu mau membeli apa?

Darto Ayahku akan berulang tahun __________________.
Jadi, aku akan memberikan dasi.

Jinho Hm.....Bagaimana kalau Jaket?

Darto Ayahku tidak suka __________________.

Jinho Kalau begitu, bagaimana dengan __________________ ?

**3. 대화를 듣고 빈칸을 채워 봅시다.**

Santi Besok adalah hari ulang tahun __________________.

Aku akan membeli ______________________________untuknya.

Apa hadiah yang bagus untuk kakak ya?

Parmi Apakah dia __________________?

Santi Bukan. Ini __________________.

Parmi Kalau begitu, sebaiknya belikan __________________.

Santi Ide yang bagus. Dia belum mempunyai kosmetik.

## Menulis (쓰기)

**1. 한국어로 적어 봅시다.**

(1) Selamat ulang tahun.

→ ______________________________.

(2) Bagaimana kalau kita pergi ke Mal bersama?

→ ______________________________?

(3) Saya senang karena banyak teman datang.

→ ______________________________.

(4) Saya suka jam tangan ini karena cantik.

→ ______________________________.

**2. <예시>와 같이 당신의 생일 파티에 관해 써 봅시다.**

> **예시** Saya mengadakan pesta ulang tahun di rumah.
> Banyak teman datang dan itu sangat lucu.

______________________________

______________________________

______________________________

______________________________

______________________________

### 3. 생일에 관한 내용을 읽고 빈칸을 채워 봅시다.

| Dengan siapa Anda merayakan pesta ulang tahun? |
| --- |
| Teman sekantor |
| Di mana Anda bertemu mereka? |
| Toko pizza |
| Apa yang Anda lakukan? |
| Pizza, kopi |
| Hadiah apa yang Anda sediakan? |
| Buku, batik |

Saya merayakan pesta ulang tahun dengan ________________ saya.

Kami bertemu ________________. Saya makan pizza ________________.

Saya menerima banyak hadiah. Saya mendapat ________________.

## 활용어휘

mengirim 보내다
jaket 자켓
dasi 넥타이
saudari 자매
bersama 함께
dasi 넥타이
menemani 동반하다, 동행하다

bepergian 여행가다
topi renang 수영모
saudara 형제
kosmetik 화장품
cantik 예쁜
lucu 귀여운

MEMO

Pelajaran 12

# RUMAH SAKIT
# 병원

## Tujuan Pelajaran (학습목표)

- 병원, 신체, 질병 관련 기본어휘 및 활용어휘 익히기
- 병원, 신체, 질병 관련 다양한 표현 익히기
- 접두사 ber-의 의미파생과 부정대명사 익히기

### 핵심 표현

Apakah Anda pernah dirawat inap di rumah sakit? 당신은 병원에 입원한 적이 있습니까?
Anda sakit apa? 당신은 어디 아프세요?
Apakah Anda merasa mual dan pusing? 당신은 메스꺼움과 어지러움을 느꼈습니까?
Berapa kali saya harus minum obat ini? 이 약을 몇 번 먹어야 합니까?

## Bacaan 1 (읽기 1)

### Ke dokter (진료하러 가다)

| | |
|---|---|
| Santi | Selamat pagi, Jinho. Wah, kamu tampak pucat. Apa kamu sakit? |
| Jinho | Aku tidak tahu, Santi. Bangun tidur aku merasa tidak enak badan. |
| Santi | Apakah kamu merasa mual dan pusing? |
| Jinho | Ya. Tenggorokanku juga terasa panas pagi ini. |
| Santi | Kalau begitu, mungkin kamu masuk angin. |
| Jinho | Mungkin juga. Tadi malam aku membuat tugas sampai pukul 3.00. |
| Santi | Astaga! Mengapa kamu bekerja sampai dini hari? |
| Jinho | Aku mau tugasku segera selesai. |
| Santi | Sebaiknya kita periksa ke dokter. Ayo kita pergi ke klinik kampus. |
| Jinho | Kamu tahu di mana letaknya? |
| Santi | Tentu saja. Mari aku antar. |
| Jinho | Terima kasih, teman. |

| | |
|---|---|
| 산띠 | 안녕, 진호. 너 창백해 보이는데. 어디 아프니? |
| 진호 | 모르겠어, 산띠. 오늘 아침에 일어나니 몸이 좋지 않았어. |
| 산띠 | 너 속이 울렁거리고 머리가 아프니? |
| 진호 | 응. 오늘 아침 목이 따가웠어. |
| 산띠 | 아 그래. 아마도 몸살인 것 같아. |
| 진호 | 그런 것 같아. 지난밤에 새벽 3시까지 과제를 했거든. |
| 산띠 | 저런! 왜 그렇게 새벽까지 과제를 한 거야? |
| 진호 | 난 과제를 빨리 끝내고 싶었어. |
| 산띠 | 의사에게 가 보는 게 더 좋겠어. 우리 대학병원으로 가자. |
| 진호 | 위치가 어디인지 아니? |
| 산띠 | 물론이지. 내가 데려다줄게. |
| 진호 | 고마워, 친구. |

## 기본어휘

tampak pucat 창백해 보이다
baik-baik 좋다
bangun 일어나다
merasa 느끼다
badan 몸
tadi 방금
membuat 만들다
larut 깊은
mual 메스꺼운
masuk angin 몸살
tugas 과제
sampai ~까지
pukul (몇)시
entahlah 모르겠다
bekerja 일하다
mengantar 데려가다
berangkat 출발하다

**1. 다음 내용이 맞으면 O, 틀리면 X로 표시해 봅시다.**

(1) Jinho tampak pucat. ( )
(2) Jinho tidak merasa mual. ( )
(3) Jinho menonton sepak bola sampai pukul 03.00 pagi. ( )
(4) Santi akan mengantar Jinho ke rumah sakit. ( )
(5) Jinho tidak mau pergi ke dokter. ( )

## Bacaan 2 (읽기 2)

### Menjaga kesehatan (건강 지키기)

Apakah Anda pernah dirawat di rumah sakit? Siapa pun tidak suka jatuh sakit. Akan tetapi setiap orang tentu pernah jatuh sakit. Untuk sembuh ada yang harus masuk rumah sakit, tetapi ada juga yang cukup dengan beristirahat saja di rumah. Agar tidak sakit, setiap orang harus menjaga kesehatan. Menjaga kesehatan lebih baik daripada berobat ke rumah sakit.

Supaya tetap sehat, kita harus sering berolahraga. Kita harus berolahraga setiap hari. Selain itu kita juga harus banyak minum air putih. Kita juga harus selalu makan makanan bergizi dengan teratur. Oh ya, tidur yang cukup juga perlu, karena tubuh kita juga butuh istirahat. Berolahraga, memakan makanan bergizi dengan teratur, dan tidur cukup akan membuat kita tetap sehat. Mari kita jaga kesehatan.

당신은 병원에 입원해 적이 있습니까? 누구든지 아프기를 좋아하진 않습니다. 그러나 누구든지 아팠던 적이 있습니다. 회복을 위하여 병원에 가야 하는 경우가 있지만 집에서 휴식만 취해도 충분한 경우도 있습니다. 아프지 않기 위해서 각자는 건강을 지켜야 합니다. 건강을 유지하는 것이 병원에 가서 약을 처방받는 것보다 더 좋습니다.

건강을 유지하기 위해 우리는 자주 운동을 해야 합니다. 우리는 매일 운동을 해야 합니다. 그 외에도 물을 많이 마셔야 합니다. 또한 항상 규칙적으로 영양가 있는 음식을 먹어야 합니다. 오, 충분한 취침을 하는 것도 필요합니다. 우리의 몸 역시 휴식이 필요하기 때문입니다. 운동을 하고 규칙적으로 영양가 있는 음식을 먹는 것, 그리고 충분한 휴식을 취하는 것이 바로 우리의 건강을 지켜줄 것입니다. 건강을 지킵시다.

## 기본어휘

berobat 약을 먹다/진료를 받다
kesehatan 건강
menggunakan 사용하다
air putih 물
bergizi 영양소 있는
tetap 계속해서, 변함없이
menjaga 지키다
daripada ~보다
berolahraga 운동하다
beraktivitas 활동하다
teratur 규칙적인

**1. 다음 질문에 답해 봅시다.**

(1) Kita pergi ke mana kalau jatuh sakit? (        )

① rumah sakit

② rumah kecil

③ rumah orang tua

④ rumah tetangga

(2) Yang tidak usah untuk menjaga sehat? (        )

① bertemu

② berolahraga

③ berobat

④ makan makanan bergizi

## 기본문형

Agar tidak sakit, setiap orang harus menjaga kesehatan.
아프지 않기 위해서, 모든 사람들은 건강을 지켜야 합니다.

Supaya tetap sehat, kita harus sering berolahraga.
건강하기 위해서, 우리는 운동을 자주 해야 합니다.

## 활용문형

supaya pintar 똑똑해지기 위해서
rajin belajar. 부지런히 공부하다.

agar mahir 능숙해지기 위해서
rajin berlatih. 부지런히 연습하다.

supaya kaya 부유해지기 위해서
rajin bekerja. 부지런히 일하다.

agar tak capai 피곤하지 않기 위해서
istirahat yang cukup 충분한 휴식

## 문법

### 접두사 ber-

접두사 ber-는 10, 11과에서 살펴본 의미 외에 다음과 같은 의미도 나타낼 수 있다.

#### 명사 어근(4)

접두사 ber-는 명사와 결합해 '~을 사용하다'라는 의미를 나타낸다.

| | |
|---|---|
| topi 모자 | bertopi 모자를 쓰다 |
| celana 바지 | bercelana 바지를 입다 |
| sepatu 신발 | bersepatu 신발을 신다 |
| kacamata 안경 | berkacamata 안경을 쓰다 |
| lensa kontak 콘택트렌즈 | berlensa kontak 콘택트렌즈를 끼다 |
| subang 귀걸이 | bersubang 귀걸이를 끼다 |
| kalung 목걸이 | berkalung 목걸이를 하다 |
| dasi 넥타이 | berdasi 넥타이를 매다 |

ex Mereka berkacamata.
그들은 안경을 쓰고 있다.

Mereka bercelana hitam.
그들은 검은 바지를 입고 있다.

### ✓ 명사 어근(5)

접두사 ber-는 명사와 결합해 '~을 운전하다/타다'라는 의미를 나타낸다.

| | |
|---|---|
| sepeda 자전거 | bersepeda 자전거를 타다 |
| mobil 자동차 | bermobil 차를 운전하다 |
| perahu 배 | berperahu 배를 타다 |
| kapal 선박 | berkapal 선박을 타다 |
| pesawat 비행기 | berpesawat 비행기를 타다 |

ex Saya bersepeda ke sekolah.
나는 자전거를 타고 학교에 간다.

Saya bermobil ke kantor.
나는 차를 타고 사무실에 간다.

### 부정 대명사

인도네시아어 부정 대명사는 의문사와 saja 또는 의문사와 pun의 결합으로 만들어진다.

siapa saja/pun 누구나

apa saja/pun 아무거나

ex Siapa saja boleh minum ini.
누구나 마셔도 됩니다.

Siapa pun boleh makan ini.
누구나 먹어도 됩니다.

Anda boleh minum apa saja.
당신은 아무거나 마셔도 됩니다.

Anda boleh makan apa saja.
당신은 아무거나 먹어도 됩니다.

## Berbicara (말하기)

**1. <예시>와 같이 묻고 답해 봅시다.**

예시

A: Ada keluhan apa?

B: Saya sakit kepala.

(1)

A: Sejak kapan sakitnya?

B: ______________________________.

(2)

A: Berapa kali saya harus minum obat pil ini?

B: ______________________________.

(3)

A: Perlu waktu berapa lama sampai sembuh?

B: ______________________________.

## Menyimak (듣기)

**1. 대화를 듣고 질문에 답해 봅시다.**

(1) Siapa nama pasien? (          )

① Santi

② Dokter

③ Ibu

④ Gigi

(2) Di mana rumah pasien? (          )

① kampung baru

② Pasar baru

③ kota lama

④ kota baru

(3) Gigi mana yang sakit? (          )

① gigi taring

② gigi geraham

③ gigi susu

④ gigi palsu

(4) Sakit tidak, Dokter? (          )

① tentu, sakit sekali.

② tidak begitu sakit.

③ oh, tidak. tenanglah

④ ya, sedikit.

(5) Apa yang disukai pasien? (          )

① permen

② biskuit

③ es krim

④ roti

## Menulis (쓰기)

**1. <보기>에서 알맞은 단어를 골라 문장을 완성해 봅시다.**

> 보기 dokter, memeriksa, libur, obat, minggu

Dua ____________________ yang lalu, aku sakit gigi.

Ibu membawaku ke ____________________ gigi.

Dokter ____________________ gigiku dengan teliti.

Dokter memberiku ____________________.

Aku ____________________ sekolah.

**2. <보기>에서 알맞은 문장을 골라 대화를 완성해 봅시다.**

> 보기
> ① Kemarin dulu saya makan makanan basi.
> ② Jangan makan makanan basi.
> ③ Perut Anda sakit sejak kapan?
> ④ Silakan berbaring di sana.

Pasien Dokter, perut saya sakit sekali.

Dokter (1) ____________________

Pasien Sejak tadi pagi, dokter!

Dokter (2) ____________________

(setelah diperiksa)

Dokter Apakah kemarin Anda makan makanan basi?

Pasien Ya, dokter. (3) ____________________

Dokter Ya, perut Anda sakit karena itu. Ini obatnya. Coba harus minum secara teratur. (4) ____________________

## 활용어휘

### ✓ 장기

jantung 심장
ginjal 신장
hati 간
paru-paru 폐
usus dua belas jari 십이지장
lambung 위

### ✓ 질병

penyakit 질병
penyakit dalam 내과 질환
pilek 코감기
demam 열
sakit gigi 치통
sakit pinggang 요통
batuk 기침
gatal 가려운
pusing 어지러운
luka bakar 화상
tekanan darah tinggi 고혈압
buta warna 색맹
radang 염증
tekanan darah rendah 저혈압
tambal 채우다
memeriksa 검사하다
sejak ~이래로, ~부터
gigi taring 송곳니
gigi susu 유치
penyakit kronis 만성질환
penyakit pernapasan 호흡기 질환
sakit tenggorokan 목이 아프다
sakit kepala 두통
sakit perut 복통
gigi berlubang 충치
mimisan 코피 나다
bersin 재채기하다
diare 설사
kanker 암
kencing manis 당뇨
radang selaput mata 결막염
radang tenggorokan 후두염
berlubang 구멍 나다
permen 사탕
teliti 철저한
berbaring 눕다
gigi geraham 어금니
gigi palsu 의치

MEMO

Pelajaran 13

# TELEPON
# 전화

## Tujuan Pelajaran (학습목표)

- 전화 관련 기본어휘 익히기
- 전화를 걸고, 전화를 받는 방법과 표현 익히기
- 접두사 ber-의 의미파생과 접속사 apakah 익히기

## 핵심 표현

Bisa berbicara dengan Pak Jinho? 진호 씨와 통화할 수 있을까요?
Maaf, ini dari siapa? 실례이지만 누구시죠?
Mengapa Jinho menelepon? 진호는 왜 전화를 했습니까?
Siapa yang menerima telepon? 누가 전화를 받았습니까?
Kalau begitu, saya bisa berpesan? 그렇다면 메시지 좀 남길 수 있을까요?

## Bacaan 1 (읽기 1)

### Menelepon 1 (전화 걸기 1)

| | |
|---|---|
| Santi | Selamat pagi. Bisa berbicara dengan Pak Jinho? |
| Darto | Pak Jinho belum datang. Maaf, ini dari siapa? |
| Santi | Ini saya, Santi. Ini Pak Darto, ya? |
| Darto | Betul. Ada apa, Bu? |
| Santi | Saya mau izin tidak masuk kantor. Anak saya sakit. |
| Darto | Oh begitu. Sakit apa anak Ibu? |
| Santi | Saya belum tahu. Saya harus membawanya ke dokter. |
| Darto | Semoga anak Ibu cepat sehat. |
| Santi | Kira-kira pukul berapa Pak Jinho datang? |
| Darto | Biasanya pukul 9. |
| Santi | Baik. Kalau begitu nanti saya telepon lagi saja. Terima kasih. |
| Darto | Baik Bu. Terima kasih kembali. |

| | |
|---|---|
| 산띠 | 안녕하세요. 진호 씨와 통화할 수 있을까요? |
| 다르또 | 진호 씨는 아직 안 왔어요. 실례하지만 누구시죠? |
| 산띠 | 저, 산띠에요. 다르또 씨 맞죠? |
| 다르또 | 맞아요. 무슨 일이에요? |
| 산띠 | 제가 사무실에 출근하지 못해서 허락을 받으려고요. 제 아이가 아파서요. |
| 다르또 | 아, 그래요. 산띠 부인의 아이는 어디가 아파요? |
| 산띠 | 잘 모르겠어요. 아이를 병원에 데리고 가려고 해요. |
| 다르또 | 부인의 아이가 빨리 회복되기를 바라요. |
| 산띠 | 진호 씨는 대략 몇 시에 오시나요? |
| 다르또 | 보통 9시쯤이요. |
| 시띠 | 알겠어요. 나중에 다시 전화할게요. 고마워요. |
| 다르또 | 별말씀을요. |

## 기본어휘

bicara 말하다
belum 아직 ~하다
membawa 데려가다
semoga 바라건대
izin 허가
kira-kira 대략
masuk 들어가다
berbicara 말하다

## 기본문형

Mengapa Santi menelepon?
산띠는 왜 전화했습니까?

Siapa yang sakit?
누가 아픕니까?

Siapa yang menerima telepon?
누가 전화를 받았습니까?

Pukul berapa Jinho masuk kantor?
진호는 몇 시에 사무실에 옵니까?

## 활용문형

Bisa bicara dengan Pak Darto?
다르또 씨와 얘기할 수 있을까요?

Ya. Saya sendiri.
네, 저예요.

Bisa disambungkan dengan bagian pemasaran?
판매부서와 연결할 수 있을까요?

Bisa. Sebentar, saya sambungkan.
가능해요. 잠시만요, 제가 연결할게요.

Bisa disambungkan ke kamar 339?
339호실로 연결해 주실 수 있나요?

Baik. Silakan tunggu sebentar!
좋아요. 잠시만 기다리세요!

Pak Darto ada?
다르또 씨 있어요?

Maaf. Pak Darto belum datang.
죄송합니다. 다르또 씨는 아직 안 왔어요.

Maaf. Pak Darto sedang keluar.
죄송합니다. 다르또 씨는 외출 중이에요.

Ada yang bisa saya bantu?
도와드릴 일이 있나요?

Tidak, saya telepon lagi saja, nanti.
아니에요, 나중에 제가 다시 전화할게요.

Silakan telepon lagi!
다시 전화 주세요!

## BACAAN 2 (읽기 2)

### Menelpon 2 (전화 걸기 2)

| | |
|---|---|
| Santi | Selamat pagi, Darto! |
| Darto | Selamat pagi! |
| Santi | Ini Bu Santi. Bisa berbicara dengan Pak Jinho? |
| Darto | Ooh, tadi Pak Jinho sudah datang. Tapi sekarang sudah pergi ke kantor cabang. |
| Santi | Aduuuuh... Kalau begitu, saya bisa berpesan? |
| Darto | Bisa, Bu. Silakan! |
| Santi | Tolong, sampaikan kepada Pak Jinho bahwa saya tidak bisa masuk kantor hari ini. Anak saya sakit! |
| Darto | Baik, Bu. Nanti saya sampaikan. Anak Ibu sudah berobat ke dokter? |
| Santi | Sudah. Kata dokter, anak saya demam. |
| Darto | Oh semoga cepat sembuh. |
| Santi | Terima kasih. Oh ya, tolong bertanya kepada Pak Jinho apakah saya boleh izin tidak masuk kantor selama dua hari! |
| Darto | Ya, nanti akan saya tanyakan. Oh ya, saya hampir lupa. Tadi ada yang mau berbicara kepada Ibu. Katanya, adik Ibu. |
| Santi | Ada pesan? |
| Darto | Tidak, Bu. Dia hanya bilang dia akan menelepon ke HP Ibu. |
| Santi | Ooo begitu... Terima kasih. |
| Darto | Sama-sama. |

산띠 안녕하세요, 다르또 씨!

다르또 안녕하세요!

산띠 저는 산띠에요. 진호 씨랑 통화할 수 있을까요?

다르또 아, 방금 진호 씨가 왔다가 지금 지점으로 갔어요.

산띠 아.... 그렇다면, 메시지 좀 남길 수 있을까요?

다르또 물론이죠, 말씀하세요!

산띠 저는 아이가 아파서 오늘 사무실에 출근할 수 없다고 진호 씨에게 전해 주세요.

다르또 알겠어요. 나중에 제가 전해 드릴게요. 아이는 의사에게 약을 받았나요?

산띠 의사 말로는 아이가 고열이래요.

다르또 빨리 회복되기를 바라요.

산띠 감사합니다. 제가 이틀 동안 결근할 수 있는지 진호 씨에게 물어봐 주세요.

다르또 네, 나중에 물어볼게요. 오, 잊을 뻔했네요. 방금 부인과 얘기하고 싶은 사람이 있었어요. 말로는 부인 동생이래요.

산띠 메시지가 있었나요?

다르또 아니요, 산띠 부인. 그가 산띠 부인 핸드폰으로 전화할 거라고 말했어요.

산띠 아 그렇군요... 고마워요.

다르또 천만에요.

## 기본어휘

kepala 우두머리
cabang 분점
titip 부탁하다
pesan 주문
tanya 질문하다
HP(Hand Phone) 핸드폰
bilang 말하다
sama-sama 천만에요

**1. 다음 질문에 답해 봅시다.**

(1) Pak Jinho sudah datang di kantor? (　　　)

① belum datang

② tidak datang

③ sudah datang

④ tidak ke kantor

(2) Pak Jinho pergi ke mana? (　　　)

① ke pasar

② ke kantor pusat

③ ke kantor cabang

④ ke toilet

(3) Sakit apa anak Ibu Santi? (　　　)

① demam

② sakit perut

③ mual

④ pusing

## 활용문형

Ada pesan? 메시지 있나요?

a. Ada. 네.

b. Tidak ada. Nanti saya telepon lagi saja.
   아니요. 제가 다시 연락할게요.

   Tidak ada. Nanti saya bicara sendiri saja.
   아니요. 제가 나중에 말할게요.

Bisa titip pesan? 메시지 남길 수 있을까요?

a. Ya. Bisa. 네, 물론이죠.

b. Ya. Silakan! 네, 하세요!

Tolong, sampaikan kepada Pak Darto, saya tidak bisa masuk kantor karena anak saya sakit!
다르또 씨에게 전달해 주세요, 저는 아이가 아파서 출근할 수 없어요.

Tolong, tanyakan kepada Pak Darto, apakah saya boleh izin tidak masuk kantor selama dua hari!
다르또 씨에게 물어봐 주세요, 제가 이틀 동안 출근하지 않아도 괜찮은지요.

c. Baik. Nanti saya sampaikan.
   좋아요, 나중에 제가 전달해 드릴게요.

d. Ya. Nanti saya tanyakan.
   네, 나중에 제가 물어볼게요.

## 문법

### 접두사 ber-

접두사 ber-는 10-12과에서 살펴본 의미 외에 다음과 같은 의미도 나타낼 수 있다.

#### ☑ 명사 어근(6)

접두사 ber-는 명사 어근과 결합해 '~이 나다' 또는 '~을 낳다'라는 의미를 나타낸다.

| | |
|---|---|
| darah 피 | berdarah 피가 나다 |
| keringat 땀 | berkeringat 땀이 나다 |
| ingus 콧물 | beringus 콧물이 나다 |
| air mata 눈물 | berair mata 눈물이 나다 |
| nanah 고름 | bernanah 고름이 나다 |
| telur 알 | bertelur 알을 낳다 |
| anak 아이 | beranak 아이를 낳다 |

ex Hidungnya berdarah.
그(녀)의 코는 피가 납니다.

Dia sedang beringus.
그(녀)는 콧물을 흘리고 있습니다.

Ayam bertelur setiap hari.
닭은 매일 알을 낳습니다.

#### ☑ 명사 어근(7)

접두사 ber-는 명사 어근과 결합해 '~을 경작하다/운영하다/가꾸다'라는 의미를 나타낸다.

| | |
|---|---|
| toko 가게 | bertoko 가게를 운영하다 |
| kebun 정원 | berkebun 정원을 가꾸다 |
| sawah 논 | bersawah 논을 경작하다 |
| ladang 밭 | berladang 밭을 경작하다 |

ex Saya suka berkebun.
저는 정원을 가꾸는 것을 좋아합니다.

Saya sering berladang.
저는 종종 논을 경작합니다.

### 접속사 apakah

접속사 apakah는 의문문의 간접화법에 사용되며 '~인지 (아닌지)'를 의미한다.

ex Saya tidak tahu apakah mereka dapat datang ke rumah saya.
저는 그들이 저희 집에 올 수 있는지 알지 못합니다.

Saya tidak tahu apakah dia menyukai saya.
저는 그(녀)가 나를 좋아하는지 알지 못합니다.

## Berbicara (말하기)

**1. <예시>와 같이 대화해 봅시다.**

예시

A: Halo, ada Maryani?

B: Ya, saya sendiri.

(1)

A: Halo, ada Santi?

B: ______________________________________.

(2)

A: Halo, bisa bicara dengan Jinho?

B: ______________________________________.

(3)

A: Halo, bisa meninggalkan pesan?

B: ______________________________________.

**2. 상황에 맞게 대화해 봅시다.**

(1) A: Anda mau bicara dengan siapa?

B: ____________________

(2) A: Mohon tunggu. Teleponnya jangan ditutup dulu!

B: ____________________

(3) A: ____________________

B: Tolong telepon berapa menit lagi.

(4) A: Ada yang ingin disampaikan?

B: Ya. ____________________

(5) A: ____________________

B: Tolong ulangi sekali lagi.

## Menyimak (듣기)

**1. 대화를 듣고 빈칸을 채워 봅시다.**

| | |
|---|---|
| Darto | Halo, Selamat pagi! |
| Parmi | Halo, Selamat pagi! ____________________? |
| Darto | Ya, saya sendiri. Ada apa Parmi? |
| Parmi | Saya tidak bisa masuk kantor karena sakit. |
| Darto | ____________________? |
| Parmi | Tentu saja. |

## Menulis (쓰기)

**1. 빈칸에 알맞은 대화를 완성해 봅시다.**

(1) ______________________________.

Selamat Sore.

(2) ______________________________?

Oh, Santi, ini aku.
Ada kabar apa?

Saya tidak bisa masuk
ke kantor karena sakit.

(3) ______________________________.

Tolong sampaikan kepada Pak Darto.

(4) ______________________________.

MEMO

Apa kabar?

# 부록
# Lampiran

- 정답
- 듣기 대본
- 색인

Apa ini?

baik baik

## Kunci Jawaban

# 정답

## Pelajaran 1. SALAM DAN PERKENALAN DIRI (인사와 자기소개)

### Berbicara (말하기)

1. (1) A: Selamat **pagi**, Pak.
   B: Selamat **pagi**, Bu.
   (2) A: Selamat **sore**, Pak.
   B: Selamat **sore**, Bu.
   (3) A: Selamat **malam**, Pak.
   B: Selamat **malam**, Bu.

2. (1) Nama saya **Darto**. Saya **dokter**.
   (2) Nama saya **Santi**. Saya **pramugari**.
   (3) Nama saya **Minji**. Saya **guru**.
   (4) Nama saya **Jinho**. Saya **polisi**.

3. (1) Saya orang **Singapura**.
   (2) Saya orang **Belanda**.
   (3) Saya orang **Thailand**.
   (4) Saya orang **Australia**.
   (5) Saya orang **Inggris**.
   (6) Saya orang **Indonesia**.
   (7) Saya orang **Malaysia**.

(8) Saya orang **Korea**.

(9) Saya orang **Cina**.

(10) Saya orang **Jepang**.

### ✓ Menyimak (듣기)

1. (1) A: Selamat **( pagi )**, Bu.
   B: Selamat **( pagi )**, Pak.
   A: Apa kabar?
   B: **( Kabar baik )**.
   (2) A: Selamat malam, Pak.
   B: Selamat malam, Bu.
   A: Kenalkan. Nama saya Jinho. Saya orang **( Korea )**.

2. (1) A: Selamat pagi.
   B: **Selamat pagi**.
   A: Apa kabar?
   B: Baik.
   (2) A: Nama saya Jinho. Saya orang Korea.
   B: Saya Darto. **Saya orang Indonesia**.

### ✓ Menulis (쓰기)

1. (1) Selamat pagi. (2) Apa kabar?
   (3) Nama saya Kim Jinho. (4) Saya orang Belanda.

2. (1) Dia orang Inggris.
   (2) Nama beliau Darto.
   (3) Senang sekali bertemu dengan Anda.
   (4) Willem adalah penari dari Belanda.
   (5) Kato pramugari dari Jepang.

3. Nama saya Jinho.
   Saya orang Korea.
   Senang bertemu dengan Anda.

## Pelajaran 2. TANYA DAN JAWAB TENTANG BARANG (사물에 대하여 묻고 답하기)

### Berbicara (말하기)

1. (1) A: Apakah ini **komputer** Anda?
   B: Iya, itu **komputer** saya.
   (2) A: Apakah ini **sepeda motor** Anda?
   B: Iya, itu **sepeda motor** saya.
   (3) A: Apakah ini **buku teks** Anda?
   B: Iya, itu **buku teks** saya.
   (4) A: Apakah ini **dompet** Anda?
   B: Iya, itu **dompet** saya.
   (5) A: Apakah ini **jam tangan** Anda?
   B: Iya, itu **jam tangan** saya.

2. (1) A: Ini **cincin** Anda?
   B: Bukan, itu bukan **cincin** saya.
   (2) A: Ini **sepatu** Anda?
   B: Bukan, itu bukan **sepatu** saya.
   (3) A: Ini **sepeda** Anda?
   B: Bukan, itu bukan **sepeda** saya.
   (4) A: Ini **topi** Anda?
   B: Bukan, itu bukan **topi** saya.
   (5) A: Ini **jaket** Anda?
   B: Bukan, itu bukan **jaket** saya.

3. (1) A: Apa ini?
   B: Itu **kamus dia**.
   (2) A: Apa ini?
   B: Itu **uang beliau**.
   (3) A: Apa ini?
   B: Itu **kursi mereka**.
   (4) A: Apa ini?
   B: Itu **bolpoin saya**.
   (5) A: Apa ini?
   B: Itu **rumah kami**.

**Menyimak** (듣기)

1. (1) A: Apakah ini HP Anda?
   B: ( **Iya** ), itu HP saya.
   (2) A: Apakah itu kunci Parmi?
   B: ( **Bukan** ), ini ( **bukan** ) kunci Parmi.
   (3) A: ( **Apa** ) ini?
   B: Itu celana saya.
   (4) A: ( **Itu** ) apa?
   B: Ini rok Parmi.

2. (1) A: Apakah ini boneka Anda?
   B: **Iya, itu boneka saya**.
   (2) A: Apakah itu foto Anda?
   B: **Bukan, itu bukan foto saya**.
   (3) A: **Apa itu**?
   B: Iya, itu boneka saya.
   (4) A: **Ini apa**?
   B: Itu cangkir tetangga saya.

### Menulis (쓰기)

1. (1) Apa ini?
   (2) Itu buku saya.
   (3) Apa itu?
   (4) Ini tas dia.

2. (1) Apakah itu sarung tangan Anda?
   (2) Iya, ini tas mereka.
   (3) Itu bukan tas teman saya.
   (4) Apakah itu kacamata Pak Darto?
   (5) Apakah ini sarung tangan Dewi?

## Pelajaran 3. KELUARGA (가족)

### Berbicara (말하기)

1. (1) A: Siapa nama **kakek**mu?
   B: Nama kakekku **Khalil**.
   (2) A: Siapa nama **nenek**mu?
   B: Nama nenekku **Nurhayati**.
   (3) A: Siapa nama **anak laki-laki**mu?
   B: Nama anak laki-lakiku **Firman**.
   (4) A: Siapa nama **anak perempuan**mu?
   B: Nama anak perempuanku **Fani**.

2. (1) A: Siapa orang ini?
   B: Dia **sekretaris** saya.
   (2) A: Siapa orang ini?
   B: Dia **koki** saya.
   (3) A: Siapa orang ini?
   B: Dia **teman** saya.
   (4) A: Siapa orang ini?
   B: Dia **tetangga** saya.

3. (1) A: Apakah bibimu bekerja di **kantor**?
    B: **Iya**, bibiku bekerja di **kantor**.
   (2) A: Apakah bibimu bekerja di **rumah sakit**?
    B: **Tidak**, bibiku **tidak** bekerja di **rumah sakit**.
   (3) A: Apakah bibimu bekerja di **kantor pos**?
    B: **Iya**, bibiku bekerja di **kantor pos**.
   (4) A: Apakah bibimu bekerja di **sekolah**?
    B: **Tidak**, bibiku **tidak** bekerja di **sekolah**.

### Menyimak (듣기)

1. (1) A: **( Siapa )** nama kakakmu?
    B: Nama kakak saya Gita.
   (2) A: Apakah **( ibumu )** ibu rumah tangga?
    B: Iya, ibuku ibu rumah tangga.
   (3) A: Apakah **( ayahmu )** bekerja di Korea?
    B: Tidak, ayahku tidak bekerja di Korea. Ayahku bekerja di Jepang.

2. (1) A: Apakah anak laki-lakimu penari?
    B: **Iya, anak laki-lakiku penari**.
   (2) A: Apakah anak perempuanmu karyawan Samsung?
    B: **Bukan, anak perempuanku bukan karyawan Samsung**.
   (3) A: Apakah kakakmu pemain gitar?
    B: **Iya, kakakku pemain gitar**.

### Menulis (쓰기)

1. (1) Siapa nama nenek Anda?
   (2) Nama kakekku Lee Sung-ho.
   (3) Apakah ibumu petani?
   (4) Ibu saya bukan ibu rumah tangga.

2. (1) Siapa nama anak perempuan Anda?
   (2) Kakak saya bekerja di pelabuhan.
   (3) Dia tidak memancing ikan di laut.
   (4) Adikku membaca buku di kamar.
   (5) Ayah tidak bekerja di pabrik mobil.

## Pelajaran 4. KEGIATAN HARIAN (일과)

### ✓ Berbicara (말하기)

1. (1) A: Jam berapa Anda **masuk kantor**?
   B: Saya masuk kantor pada jam **9 pagi**.
   (2) A: Jam berapa Anda **makan malam**?
   B: Saya makan malam pada jam **6 malam**.
   (3) A: Jam berapa Anda **belajar**?
   B: Saya belajar pada jam **8 pagi**.
   (4) A: Jam berapa Anda **minum bir**?
   B: Saya minum bir jam **8 malam**.
   (5) A: Jam berapa Anda **mandi**?
   B: Saya mandi pada jam **7 pagi**.

2. (1) A: Apa kegiatanmu hari ini?
   B: Saya **mendengarkan radio** dan **bertemu dengan teman**.
   (2) A: Apa kegiatanmu hari ini?
   B: Saya **bermain golf** dan **bermain piano**.
   (3) A: Apa kegiatanmu hari ini?
   B: Saya **pergi ke planetarium** dan **menulis surat**.
   (4) A: Apa kegiatanmu hari ini?
   B: Saya **berkaryawisata ke museum** dan **menonton film**.
   (5) A: Apa kegiatanmu hari ini?
   B: Saya **belajar** dan **mendengar musik**.

### Menyimak (듣기)

1. (1) A: Kapan kamu bangun?
   B: Saya bangun pada jam **( 6 )** pagi.
   (2) A: Kapan kamu tidur?
   B: Saya tidur pada jam **( 10 )** malam.
   (3) A: Kapan kamu makan siang?
   B: Saya makan siang pada jam **( 12 )**.

2. (1) A: **Kapan Anda bangun**?
   B: Saya bangun pada jam 8.
   (2) A: **Kapan Anda tidur**?
   B: Saya tidur pada jam 21.

### Menulis (쓰기)

1. (1) Kapan Anda pergi ke sekolah?
   (2) Saya pergi ke sekolah pada jam 10.
   (3) Kapan Anda minum kopi?
   (4) Saya minum kopi pada jam 16.

2. (1) Apa kegiatan Anda hari ini?
   (2) Kapan Anda pulang dari sekolah?
   (3) Saya membaca koran pada jam 14.
   (4) Ibu memasak nasi di dapur sore ini.
   (5) Paman bermain golf di lapangan tadi pagi.

## Pelajaran 5. TANGGAL DAN AHRI (날짜와 요일)

### Berbicara (말하기)

1. (1) A: Hari ini hari apa?
   B: Hari ini hari **Selasa**.
   (2) A: Hari ini hari apa?
   B: Hari ini hari **Rabu**.

(3) A: Hari ini hari apa?
B: Hari ini hari **Kamis**.

(4) A: Hari ini hari apa?
B: Hari ini hari **Sabtu**.

(5) A: Hari ini hari apa?
B: Hari ini hari **Minggu**.

2. (1) A: Hari ini tanggal berapa?
B: Hari ini **tanggal 25 November**.

(2) A: Hari ini tanggal berapa?
B: Hari ini **tanggal 14 Agustus**.

(3) A: Hari ini tanggal berapa?
B: Hari ini **tanggal 9 April**.

(4) A: Hari ini tanggal berapa?
B: Hari ini **tanggal 30 Februari**.

(5) A: Hari ini tanggal berapa?
B: Hari ini **tanggal 15 Juli**.

3. (1) A: Hari Idul Fitri hari apa?
B: Hari **Idul Fitri** hari **Jumat**.

(2) A: Hari Waisak hari apa?
B: Hari **Waisak** hari **Rabu**.

(3) A: Hari Nyepi hari apa?
B: Hari **Nyepi** hari **Senin**.

(4) A: Hari Kemerdekaan hari apa?
B: Hari **Kemerdekaan** hari **Kamis**.

(5) A: Hari Imlek hari apa?
B: Hari **Imlek** hari **Sabtu**.

### Menyimak (듣기)

1. (1) A: Hari ini hari apa?
   B: Hari ini hari **( Selasa )**.
   (2) A: Besok hari apa?
   B: Besok hari **( Rabu )**.
   (3) A: Hari ini tanggal berapa?
   B: Tanggal **( 3 Januari )**.

2. (1) A: Kapan Anda datang di Indonesia?
   B: **Saya datang di Indonesia kemarin**.
   (2) A: Kapan Anda pergi ke Korea?
   B: **Saya pergi ke Korea besok**.

### Menulis (쓰기)

1. (1) Hari ini hari apa?
   (2) Hari ini hari Selasa.
   (3) Hari ini tanggal berapa?
   (4) Hari ini tanggal 5 April.

2. (1) Kapan Anda pulang ke Korea?
   (2) Kami bekerja hari Minggu.
   (3) Darto pergi ke Jepang tanggal 6 Maret.
   (4) Saya berkunjung ke Indonesia hari Minggu.
   (5) Kami merayakan hari kemerdekaan pada hari Jumat.

## Pelajaran 6. CUACA (날씨)

### Berbicara (말하기)

1. (1) A: Bagaimana cuaca hari ini?
   B: Cuaca hari ini **cerah**.
   (2) A: Bagaimana cuaca hari ini?
   B: Cuaca hari ini **berawan**.

(3) A: Bagaimana cuaca hari ini?
B: Cuaca hari ini **turun hujan**.

2. (1) A: Bagaimana cuaca di **Moskow**?
B: Cuaca di **Moskow dingin**.
(2) A: Bagaimana cuaca di **Seoul**?
B: Cuaca di **Seoul sejuk**.
(3) A: Bagaimana cuaca di **London**?
B: Cuaca di **London hangat**.
(4) A: Bagaimana cuaca di **Beijing**?
B: Cuaca di **Beijing berdebu halus**.

3. (1) A: Bagaimana cuaca **musim panas**?
B: **Panas**.
(2) A: Bagaimana cuaca **musim gugur**?
B: **Sejuk**.
(3) A: Bagaimana cuaca **musim dingin**?
B: **Dingin**.

### ✓ Menyimak (듣기)

1. (1) A: Bagaimana cuaca di Chicago?
B: Cuaca di Chicago **( dingin )**.
(2) A: Bagaimana cuaca di Kuwait?
B: Cuaca di Kuwait **( sangat panas )**.
(3) A: Bagaimana cuaca di Korea?
B: Cuaca di Korea **( sejuk )**.

2. (1) A: Berapa suhu di Vietnam?
B: **Kurang lebih 28 derajat Celsius**.
(2) A: Berapa suhu di Selandia Baru?
B: **Kurang lebih 10 derajat Celsius**.

### ✓ Menulis (쓰기)

1. (1) Bagaimana cuaca hari ini? (2) Cuaca hari ini cerah.
   (3) Bagaimana cuaca di Brunei? (4) Cuaca di Brunei hangat.

2. (1) Bagaimana cuaca musim kemarau?
   (2) Cuaca di Incheon cerah.
   (3) Rata-rata 27 derajat Celsius.
   (4) Parmi membawa payung ke sekolah karena hujan.
   (5) Kampus kami indah sekali ketika musim semi.

## Pelajaran 7. RUMAH (집)

### ✓ Bacaan 1 (읽기 1)

1. (1) ③ (2) ③ (3) ③

### ✓ Bacaan 2 (읽기 2)

1. (1) ③ (2) ④ (3) ② (4) ① (5) ③

2. (1) Anda belok kiri di sana.
   (2) Bank itu ada di Jalan Gajahmada.
   (3) Anda jalan terus sampai ke depan toko.
   (4) Anda naik bus ke Bundang dari stasiun.
   (5) Anda jalan terus sampai di perempatan.
   (6) Pom bensin ada di sebelah kanan rumah sakit.

### ✓ Berbicara (말하기)

1. (1) Di pertigaan itu belok kanan.
   (2) Di perempatan itu jalan lurus.
   (3) Stasiun ada di seberang rumah saya.
   (4) Bank Woori ada di seberang kantor polisi.
   (5) Rumah saya ada di sebelah kiri rumah sakit Samsung.

### Menyimak (듣기)

1. (1) Kamar tamu ada di depan rumah.
   (2) Kamar tidur orang tua ada di sebelah kanan ruang tamu.
   (3) Tangga ada di bagian belakang rumah.
   (4) Kamar adik ada di bagian kanan ruang tamu.

### Menulis (쓰기)

1. (1) C (2) E (3) A (4) G (5) B
   (6) D (7) F

2. (1) dapur (2) kamar tidur (3) mandi
   (4) bekerja (5) ruang keluarga

## Pelajaran 8. MEMBELI BARANG (물건 구매하기)

### Berbicara (말하기)

1. (1) Ini pasar apa? → Ini pasar ikan.
   Di pasar ini ada apa? → Di pasar ini ada ikan.
   Berapa harga ikan? → Harga ikan Rp.20.000.
   (2) Ini toko apa? → Ini warung.
   Di warung ini ada apa? → Di warung ini ada permen.
   Berapa harga permen? → Harga permen Rp.500.
   (3) Ini toko apa? → Ini toko buah-buahan.
   Di toko buah-buahan ini ada apa? → Di toko buah-buahan ini ada durian.
   Berapa harga durian? → Harga durian Rp.50.000.
   (4) Ini toko apa? → Ini supermarket.
   Di supermarket ini ada apa? → Di supermarket ini ada pasta gigi.
   Berapa harga pasta gigi? → Harga pasta gigi Rp.30.000.

### Menyimak (듣기)

1. Santi : Mbak Parmi mau ke mana?
   Parmi : Ke kios. Saya mau beli **( pasta gigi )**.
   Santi : Mbak Parmi, boleh **( saya titip )**?
   Parmi : Boleh. Mbak Santi mau beli apa?
   Santi : Saya mau beli sabun mandi.
   Parmi : Sabun apa?
   Santi : Sabun Lux. Ini **( uangnya )**.
   Parmi : Ya.

### Menulis (쓰기)

1. (1) Saya mau yang hitam saja.
   (2) Saya mau pisang.
   (3) Saya mau sabun mandi.
   (4) Saya mau manga.

## Pelajaran 9. RUMAH MAKAN (식당)

### Bacaan 2 (읽기 2)

1. (1) X (2) O (3) O (4) O (5) X

### Berbicara (말하기)

1. (1) A: Mau Makan apa?
   B: **Saya mau makan nasi goreng.**
   A: Dan minum apa?
   B: **Saya mau minum es teh.**
   (2) A: Boleh saya minta bonnya?
   B: **Silakan.**
   A: Berapa semuanya?
   B: **Semuanya Rp. 100.000.**

2. (1) Saya mau makan **Nasi goreng**.
   (2) Saya mau makan **Soto**.
   (3) Saya mau makan **Mi goreng**.
   (4) Saya mau makan **Gado-gado**.

3. (1) gelas (2) menu (3) pelayan (4) tamu
   (5) sendok (6) sumpit

### ✓ Menyimak (듣기)

1. (A) ② (B) ① (C) ⑤ (D) ③ (E) ④

2. Jinho : Pak Darto, apakah Anda **( suka )** kopi?
   Darto : Ya, saya suka kopi. Bagaimana dengan Anda?
   Jinho : Saya suka **( teh hijau )**.
   Darto : Apakah teh hijau manis?
   Jinho : Tidak, teh hijau tidak **(manis)**.

3.

| Menu Makanan | Jinho | Darto | Santi | Parmi |
|---|---|---|---|---|
| Nasi goreng spesial | ✓ | | | |
| Nasi goreng seafood | | | ✓ | |
| Ayam goreng | | ✓ | ✓ | |
| Bakso sapi | ✓ | | | ✓ |
| Nasi putih | | | | |
| **Daftar Minuman** | | | | |
| Air mineral | | | ✓ | |
| Es jeruk | | ✓ | | ✓ |
| Es teh | ✓ | | | |

### Menulis (쓰기)

1. (1) Makanan ini adalah **sate ayam**. Orang Indonesia sering makan ini. Biasanya orang Indonesia makan makanan ini pada **siang** hari. Makanan ini tidak mahal. Harganya **Rp.30.000**. Di dalam makanan ini ada **daging**. Makanan ini manis.

   (2) Makanan ini adalah **mi goreng**. Orang Jepang suka makan makanan ini. Biasanya orang Jepang makan makanan ini pada **malam** hari. Makanan ini tidak mahal. Harganya **Rp.45.000**. Di dalam makanan ini ada **mi dan telur**. Makanan ini manis.

   (3) Makanan ini adalah **soto**. Orang Korea tidak suka makan ini. Biasanya orang Korea makan makanan ini pada **pagi** hari. Makanan ini tidak mahal. Harganya **Rp.66.000**. Di dalam makanan ini ada **daging ayam**. Makanan ini asin.

   (4) Makanan ini adalah **nasi goreng**. Orang Indonesia sering makan ini. Biasanya orang Indonesia makan makana ini pada **pagi** hari. Makanan ini tidak mahal. Harganya **Rp.74.000**. di dalam makana ini ada **nasi, telur, sayuran, dan daging**. Makanan ini pedas.

   (5) Makanan ini adalah **gado-gado**. Orang Filipina suka makan ini. Biasanya orang Filipina makan makanan ini pada **sore** hari. Makanan ini tidak mahal. Harganya **Rp.50.000**. Di dalam makanan ini ada **kubis, kentang, wortel, dan kacang tanah**. Makanan ini manis.

## Pelajaran 10. HOBI (취미)

### Bacaan 1 (읽기 1)

1. (1) X (2) O (3) X (4) X (5) X

2. (1) ① (2) ② (3) ④ (4) ① (5) ②

### Bacaan 2 (읽기 2)

1. (1) ③ (2) ④ (3) ③ (4) ③ (5) ①

### ✓ Berbicara (말하기)

1. (1) A: Apa hobi Anda?
   B: **Hobi saya mendaki gunung.**
   (2) A: Apa hobi Anda?
   B: **Hobi saya mendengarkan musik.**
   (3) A: Apa hobi Anda?
   B: **Hobi saya fotografi.**
   (4) A: Apa hobi Anda?
   B: **Hobi saya melukis.**

2. (1) Saya suka berjalan-jalan di taman tetapi tidak suka naik gunung.
   (2) Saya suka menonton film tetapi tidak suka menulis surat.
   (3) Saya suka membaca buku tetapi tidak suka membaca surat kabar.
   (4) Saya suka bermain musik tetapi tidak suka mendengarkan musik.

3. (1) A: Apa hobi Anda?
   B: Hobi saya berolahraga.
   C: Olahraga seperti apa yang biasanya Anda lakukan?
   D: Biasanya saya bermain tenis.
   (2) A: Apa hobi Anda?
   B: Hobi saya membaca buku.
   C: Anda suka membaca buku apa?
   D: Biasanya saya membaca novel.
   (3) A: Apa hobi Anda?
   B: Hobi saya mendengarkan musik.
   C: Anda suka musik seperti apa?
   D: Saya suka musik yang iramanya bagus.
   (4) A: Apa hobi Anda?
   B: Hobi saya memfoto.
   C: Anda suka memfoto apa?
   D: Biasanya saya suka memfoto pemandangan.

4. (1) A: Seberapa sering Anda menonton film?
   B: Saya menonton film 1 kali seminggu.
   (2) A: Seberapa sering Anda naik gunung?
   B: Saya naik gunung sekali sebulan.
   (3) A: Seberapa sering Anda bermain game komputer?
   B: Saya bermain game komputer sekali sehari.
   (4) A: Seberapa sering Anda bepergian?
   B: Saya bepergian 4 kali setahun.

## ✓ Menyimak (듣기)

1. Santi : Besok saya akan naik gunung dengan **teman-teman**.
   Joko : Wah, pasti **menarik ya**.
   Santi : Apakah Anda **ingin ikut** dengan saya?
   Joko : **Maaf**, saya tidak bisa ikut. Ada kelas di **pagi hari**.
   Santi : Bagaimana kalau setelah **kuliah**?
   Joko : Iya, kalau **sore** saya bisa **pergi**.
   Santi : Baiklah. Kita akan **berangkat** pada jam 2 **siang**.
   Joko : Kalau begitu, saya ikut. Apa **persiapan** yang harus saya bawa?
   Santi : Anda hanya perlu membawa **makan siang** dan kamera.
   Joko : Akan saya siapkan. **Terima kasih**.

2. (1) Santi : memasak, berenang
   (2) Parmi : bernyanyi, bermain bulu tangkis

3. Jinho : Apa yang kamu lakukan pada **akhir pekan**?
   Santi : Aku pergi ke **bioskop**.
   Jinho : Apakah kamu sering pergi ke bioskop?
   Santi : Aku pergi ke bioskop dua kali **seminggu**.

### Menulis (쓰기)

1. (1) Saya suka berkumpul dengan keluarga.
   (2) Saya suka membaca buku di perpustakaan.
   (3) Saya berolahraga dengan teman-teman.
   (4) Saya suka belajar bahasa asing.

2. Banyak orang berkumpul di lapangan. Ayah sedang berlari **pagi**. Anak-anak mengejar bola untuk bermain **sepak bola**. Santi dan Parmi memegang raket dan bermain **tenis**. Kakak dan temannya **berenang** di kolam renang.

3. (1) B -> Kita berolahraga di taman.
   (2) K -> Saya naik ayunan hari ini.
   (3) E -> Saya jogging/ berlari di taman.
   (4) M -> Saya memanjat tebing hari ini.
   (5) C -> Mereka pergi piknik di taman.
   (6) L -> Saya bermain perosotan hari ini.
   (7) G -> Saya duduk di taman hari ini.
   (8) A -> Kami bersepeda di taman hari ini.
   (9) H -> Mereka berjalan-jalan di taman.
   (10) I -> Mereka bermain bisbol.
   (11) F -> Dia naik skateboard.
   (12) D -> Anak-anak bermain pasir.

## Pelajaran 11. ULANG TAHUN (생일)

### Bacaan 2 (읽기 2)

1. (1) ② (2) ③ (3) ② (4) ① (5) ③

## Berbicara (말하기)

1. (1) A: Kapan Anda berulang tahun?
   B: **Saya berulang tahun pada tanggal 10 Juli**.
   (2) A: Sekarang Santi ulang tahun keberapa?
   B: **Sekarang Santi ulang tahun ke-25**.
   (3) A: Apa hadiah yang diberikan ayah pada ulang tahun kali ini?
   B: **Pada ulang tahun kali ini, hadiah yang diberikan ayah adalah sepatu**.
   (4) A: Di mana Parmi merayakan ulang tahunnya?
   B: **Parmi merayakan ulang tahunnya di sebuah restoran mewah**.
   (5) A: Apa hadiah ulang tahun yang dibawa Darto?
   B: **Hadiah ulang tahun yang dibawa Darto adalah bunga**.

2. (1) ② → Saya tidak berbicara karena sakit tenggorokan.
   (2) ④ → Saya tidak mengirim e-mail karena tidak ada komputer.
   (3) ① → Saya tidak pergi ke pesta karena ada janji.
   (4) ③ → Saya tidak membeli hadiah karena tidak ada uang.

3.

| 번호 | Menerima Ajakan | Menolak Ajakan |
|---|---|---|
| (1) | A: Apakah Anda ingin makan malam ini?<br>B: Ya, baik. | A: Apakah Anda ingin makan malam ini?<br>B: Maaf, saya ada janji malam ini. |
| (2) | A: Apakah Anda ingin berolahraga besok?<br>B: Ya, baik | A: Apakah Anda ingin berolahraga besok?<br>B: Maaf, saya ada janji besok. |
| (3) | A: Apakah Anda ingin bepergian pada akhir pekan?<br>B: Ya, baik | A: Apakah Anda ingin bepergian pada akhir pekan?<br>B: Maaf, saya ada janji pada akhir pekan. |

4. (1) A: Kapan kita bertemu?
   B: Kita bertemu pada hari Sabtu.
   A: Di mana kita bertemu?
   B: Kita bertemu di depan rumah.

(2) A: Kapan kita bertemu?
B: Kita bertemu bulan Mei.
A: Di mana kita bertemu?
B: Kita bertemu di restoran Seoul.

(3) A: Kapan kita bertemu?
B: Kita bertemu pada pukul 3 sore.
A: Di mana kita bertemu?
B: Kita bertemu di depan kantor polisi.

(4) A: Kapan kita bertemu?
B: Kita bertemu pada pukul 7 malam.
A: Di mana kita bertemu?
B: Kita bertemu di depan stasiun.

### Menyimak (듣기)

1. (1) ② (2) ① (3) ③ (4) ④

2. Darto : Apakah kita bisa pergi ke **mal** sore ini?
Jinho : Ya, bisa. Aku akan menemanimu. Kamu mau membeli apa?
Darto : Ayahku akan berulang tahun **Senin depan**. Jadi, aku akan memberikan dasi.
Jinho : Hm... Bagaimana kalau jaket?
Darto : Ayahku tidak suka **jaket**.
Jinho : Kalau begitu, bagaimana dengan **topi renang**?

3. Santi : Besok adalah hari ulang tahun **kakakku**. Aku akan membeli **hadiah ulang tahun** untuknya. Apa hadiah yang bagus untuk kakak ya?
Parmi: Apakah di **sarudara laki-laki**?
Santi : Bukan. Ini **saudara perempuan**.
Parmi : Kalau begitu, sebaiknya belikan **kosmetik saja**.
Santi : Ide yang bagus. Dia belum mempunyai kosmetik.

### Menulis (쓰기)

1. (1) 생일 축하해요
   (2) 우리 같이 몰에 가면 어때요?
   (3) 나는 많은 친구들이 와서 기뻐요.
   (4) 나는 이 손목시계가 예뻐서 좋아요.

2. Saya mengadakan pesta ulang tahun di restoran Seoul.
   Banyak teman datang dan itu sangat menyenangkan.

3. Saya merayakan pesta ulang tahun dengan **teman sekantor** saya.
   Kami bertemu **di toko pizza**. Saya makan pizza **dan minum kopi**.
   Saya menerima banyak hadiah. Saya mendapat **buku dan batik**.

## Pelajaran 12. RUMAH SAKIT (병원)

### Bacaan 1 (읽기 1)

1. (1) O (2) X (3) X (4) O (5) X

### Bacaan 2 (읽기 2)

1. (1) ① (2) ①

### Berbicara (말하기)

1. (1) A: Sejak kapan sakitnya?
   B: **Sejak tadi malam**.
   (2) A: Berapa kali saya harus minum obat pil ini?
   B: **Sehari 2 kali**.
   (3) A: Perlu waktu berapa lama sampai sembuh?
   B: **Perlu 3 hari**.

### Menyimak (듣기)

1. (1) ① (2) ① (3) ② (4) ③ (5) ①

### Menulis (쓰기)

1. Dua **minggu** yang lalu, aku sakit gigi.
   Ibu membawaku ke **dokter** gigi.
   Dokter **memeriksa** gigiku dengan teliti.
   Dokter memberiku **obat**.
   Aku **libur** sekolah.

2. (1) ③ (2) ④ (3) ① (4) ②

## Pelajaran 13. TELEPON (전화)

### Bacaan 2 (읽기 2)

1. (1) ③ (2) ③ (3) ①

### Berbicara (말하기)

1. (1) A: Halo, ada Bayu?
   B: **Ya, saya sendiri**.
   (2) A: Halo, bisa bicara dengan Jinho?
   B: **Ya, ini Jinho**.
   (3) A: Halo, bisa meninggalkan pesan?
   B: **Ya, silakan**.

2. (1) A: Anda mau bicara dengan siapa?
   B: **Saya mau bicara dengan Pak Robert.**
   (2) A: Mohon tunggu. Teleponnya jangan ditutup dulu!
   B: **Baik.**
   (3) A: **Maaf, Pak Robert sedang tidak ada.**
   B: Tolong telepon berapa menit lagi.

(4) A: Ada yang ingin disampaikan?

B: Ya. **Anak saya sakit jadi saya tidak bisa masuk ke kantor selama 2 hari.**

(5) A: **Oh begitu. Atau Anda bisa langsung menghubungi Pak Robert. Ini nomor HPnya. 0816 182 9962.**

B: Tolong ulangi sekali lagi.

### Menyimak (듣기)

1. Darto: Halo, Selamat pagi!

Parmi: Halo, Selamat pagi! **Boleh bicara dengan Darto**?

Darto: Ya, saya sendiri. Ada apa Parmi?

Parmi: Saya tidak bisa masuk kantor karena sakit.

Darto: **Oh, kalau begitu, Anda hari ini absen**?

Parmi: Tentu saja.

### Menulis (쓰기)

1. (1) Selamat sore.

(2) Bisa bicara dengan Parmi?

(3) Oh begitu, cepat sembuh ya.

(4) Baiklah.

Teks Menyimak

# 듣기 대본

## Pelajaran 1. SALAM DAN PERKENALAN DIRI (인사와 자기소개)

1. (1) A: Selamat pagi, Bu.
   B: Selamat pagi, Pak.
   A: Apa kabar?
   B: Kabar baik.
   (2) A: Selamat malam, Pak.
   B: Selamat malam, Bu.
   A: Kenalkan. Nama saya Jinho. Saya orang Korea.

2. (1) A: Selamat pagi.
   B: Selamat pagi.
   A: Apa kabar?
   B: Baik.
   (2) A: Nama saya Jinho. Saya orang Korea.
   B: Saya Darto. Saya orang Indonesia.

## Pelajaran 2. TANYA DAN JAWAB TENTANG BARANG (사물을 묻고 답하기)

1. (1) A: Apakah ini HP Anda?
   B: Iya, itu HP saya.
   (2) A: Apakah itu kunci Parmi?
   B: Bukan, ini bukan kunci Parmi.

(3) A: Apa ini?

B: Itu celana saya.

(4) A: Itu apa?

B: Ini rok Parmi.

2. (1) A: Apakah ini boneka Anda?

B: Iya, itu boneka saya.

(2) A: Apakah itu foto Anda?

B: Bukan, itu bukan foto saya.

(3) A: Apa itu?

B: Ini meja teman saya.

(4) A: Ini apa?

B: Itu cangkir tetangga saya.

## Pelajaran 3. KELUARGA (가족)

1. (1) A: Siapa nama kakakmu?

B: Nama kakak saya Gita.

(2) A: Apakah ibumu ibu rumah tangga?

B: Iya, ibuku ibu rumah tangga.

(3) A: Apakah ayahmu bekerja di Korea?

B: Tidak, ayahku tidak bekerja di Korea. Ayahku bekerja di Jepang.

2. (1) A: Apakah anak laki-lakimu penari?

B: Iya, anak laki-lakiku penari.

(2) A: Apakah anak perempuanmu karyawan Samsung?

B: Bukan, anak perempuanku bukan karyawan Samsung.

(3) A: Apakah kakakmu pemain gitar?

B: Iya, kakakku pemain gitar.

## Pelajaran 4. KEGIATAN HARIAN (일과)

1. (1) A: Kapan kamu bangun?
   B: Saya bangun pada jam 6 pagi.
   (2) A: Kapan kamu tidur?
   B: Saya tidur pada jam 10 malam.
   (3) A: Kapan kamu makan siang?
   B: Saya makan siang pada jam 12.

2. (1) A: Kapan Anda bangun?
   B: Saya bangun pada jam 8.
   (2) A: Kapan Anda tidur?
   B: Saya tidur pada jam 21.

## Pelajaran 5. TANGGAL DAN HARI (날짜와 요일)

1. (1) A: Hari ini hari apa?
   B: Hari ini hari Selasa.
   (2) A: Besok hari apa?
   B: Besok hari Rabu.
   (3) A: Hari ini tanggal berapa?
   B: Tanggal 3 Januari.

2. (1) A: Kapan Anda datang di Indonesia?
   B: Saya datang di Indonesia kemarin.
   (2) A: Kapan Anda pergi ke Korea?
   B: Saya pergi ke Korea besok.

## Pelajaran 6. CUACA (날씨)

1. (1) A: Bagaimana cuaca di Chicago?
   B: Cuaca di Chicago dingin.
   (2) A: Bagaimana cuaca di Kuwait?
   B: Cuaca di Kuwait sangat panas.
   (3) A: Bagaimana cuaca di Korea?
   B: Cuaca di Korea sejuk.

2. (1) A: Berapa suhu di Vietnam?
   B: Kurang lebih 28 derajat Celsius.
   (2) A: Berapa suhu di Selandia Baru?
   B: Kurang lebih 10 derajat Celsius.

## Pelajaran 7. RUMAH (집)

1. (1) A: Kamar tamu ada di mana?
   B: Kamar tamu ada di depan rumah.
   (2) A: Kamar tidur orang tua ada di mana?
   B: Kamar tidur orang tua ada di sebelah kanan ruang tamu.
   (3) A: Tangga ada di mana?
   B: Tangga ada di bagian belakang rumah.
   (4) A: Di bagian mana ada kamar adik?
   B: Kamar adik ada di bagian kanan ruang tamu.

## Pelajaran 8. MEMBELI BARANG (물건 구매하기)

1. Santi: Mbak Parmi mau ke mana?
   Parmi: Ke kios. Saya mau beli pasta gigi.
   Santi: Mbak Parmi, boleh saya titip?
   Parmi: Boleh. Mbak Santi mau beli apa?

Santi: Saya mau beli sabun mandi.

Parmi: Sabun apa?

Santi: Sabun Lux. Ini uangnya.

Parmi: Ya.

## Pelajaran 9. RUMAH MAKAN (식당)

1. Adik suka es krim karena rasanya manis. Ayah suka masakan pedas dengan banyak cabai. Nenek tidak suka garam karena rasanya asin. Kakak suka sekali lemon yang asam. Kakek suka kopi pahit.

2. Jinho: Pak Darto, apakah Anda suka kopi?

   Darto: Ya, saya suka kopi. Bagaimana dengan Anda?

   Jinho: Saya suka teh hijau.

   Darto: Apakah teh hijau manis?

   Jinho: Tidak, teh hijau tidak manis.

3. Siang ini Jinho makan nasi goreng spesial dan bakso sapi. Dia memilih minuman es teh. Makanan kesukaan Darto adalah nasi putih dan ayam goreng. Sedangkan minuman kesukaan Darto adalah es jeruk. Santi memesan makan malam. Pertama dia memilih nasi goreng seafood, dan kemudian ayam goreng. Santi memilih minuman air mineral. Parmi suka makan nasi putih dengan bakso sapi. Dia senang minum es jeruk.

## Pelajaran 10. HOBI (취미)

1. Santi: Besok saya akan naik gunung dengan teman-teman.

   Joko: Wah, pasti menarik ya.

   Santi: Apakah Anda ingin ikut dengan saya?

   Joko: Maaf, saya tidak bisa ikut. Ada kelas di pagi hari.

   Santi: Bagaimana kalau setelah kuliah?

   Joko: Iya, kalau sore saya bisa pergi.

Santi: Baiklah. Kita akan berangkat pada jam 2 siang.
Joko: Kalau begitu, saya ikut. Apa persiapan yang harus saya bawa?
Santi: Anda hanya perlu membawa makan siang dan kamera.
Joko: Akan saya siapkan. Terima kasih.

2. Pagi sekali Santi sudah memasak di dapur. Ia mendengar suara Parmi sedang bernyanyi di kamar mandi. Mereka hari ini akan pergi ke lapangan. Parmi akan bermain bulu tangkis, sedangkan Santi suka berenang.

3. Jinho: Apa yang kamu lakukan pada akhir pekan?
Santi: Aku pergi ke bioskop.
Jinho: Apakah kamu sering pergi ke bioskop?
Santi: Aku pergi ke bioskop dua kali seminggu.

## Pelajaran 11. ULANG TAHUN (생일)

1. Parmi lahir pada tanggal 10 Maret 1994. Tahun ini, ulang tahun Parmi jatuh pada hari Kamis.

2. Darto: Apakah kita bisa pergi ke Mal sore ini?
Jinho: Ya, bisa. Aku akan menemanimu. Kamu mau membeli apa?
Darto: Ayahku akan berulang tahun Senin depan. Jadi, aku akan memberikan dasi.
Jinho: Hm…. Bagaimana kalau Jaket?
Jinho: Ayahku tidak suka Jaket.
Jinho: Kalau begitu, bagaimana dengan topi renang?

3. Santi: Besok adalah hari ulang tahun kakakku. Aku akan membeli hadiah ulang tahun untuknya. Apa hadiah yang bagus untuk kakak ya?
Parmi: Apakah dia saudara laki-laki?
Santi: Bukan. Ini saudara perempuan.
Parmi: Kalau begitu, sebaiknya belikan kosmetik saja.
Santi: Ide yang bagus. Dia belum mempunyai kosmetik.

## Pelajaran 12. RUMAH SAKIT (병원)

1. (Santi sakit gigi. Ibu mengajaknya pergi berobat ke dokter gigi.)
   Santi: Selamat pagi, Dokter!
   Dokter: Selamat pagi. Siapa namamu?
   Santi: Santi, Pak Dokter!
   Dokter: Di mana rumahmu?
   Santi: Di Kampung Baru, Pak!
   Dokter: Gigi mana yang sakit?
   Santi: Di sini, Dokter. Gigi geraham (menunjuk ke geraham)
   Dokter: O, gerahammu berlubang! Gerahammu harus ditambal.
   Santi: Sakit tidak, Dokter?
   Dokter: Oh, tidak. Tenanglah, Santi. Apa yang kamu sukai?
   Santi: Permen, Dokter.
   Dokter: Jangan banyak makan permen, ya. Gigimu bisa rusak.

## Pelajaran 13. TELEPON (전화)

1. Darto: Halo, Selamat pagi!
   Parmi: Halo, Selamat pagi! Boleh bicara dengan Darto?
   Darto: Ya, saya sendiri. Ada apa Parmi?
   Parmi: Saya tidak bisa masuk kantor karena sakit.
   Darto: Oh, kalau begitu, Anda hari ini absen?
   Parmi: Tentu saja.

Indeks

# 색인

## A



## B

## C



## D

## E



## F



## G



## H

## I



## J



## K

## L

## M

## N



## O

## P



## R

## S

## T

## U



## V



## W

## X



## Y



## Z

## 이미지 출처

### Pelajaran 4

p89 *Merdeka Malaysia 112* by Mohd Fazlin Mohd Effendy Ooi, CC BY 2.0
https://www.flickr.com/photos/phalinn/6154312971/

p89 *Rupang Buddha Hari Waisak* by pwbaker, CC BY 2.0
https://commons.wikimedia.org/wiki/File:Rupang_Buddha_Hari_Waisak.jpg

### Pelajaran 7

p117 *Rumah Gadang* by MichaelJLowe, CC BY-SA 2.5
https://commons.wikimedia.org/wiki/File:Rumah_Gadang.jpg
*Traditional house Ratenggaro Sumba* by monica renata, CC BY 2.0
https://commons.wikimedia.org/wiki/File:Traditional_house_Ratenggaro_Sumba.jpg
*Tongkonan Sa dan* by Elma Roux, CC BY-SA 3.0
https://commons.wikimedia.org/wiki/File:Tongkonan_Sa_dan.jpg
*Lamin Kampung Lambing* by Ezagren, CC BY-SA 4.0
https://commons.wikimedia.org/wiki/File:Lamin_Kampung_Lambing.JPG
*New Pagaruyung Palace* by Ramzy Muliawan, CC BY-SA 3.0
https://ko.m.wikipedia.org/wiki/%ED%8C%8C%EC%9D%BC:New_Pagaruyung_Palace.JPG
*Honai Rumah Adat Papua* by Sri mulyaniRd, CC BY-SA 4.0
https://commons.wikimedia.org/wiki/File:Honai_Rumah_Adat_Papua.jpg

### Pelajaran 8

p129 *Warung* in *Garut* by Gunawan Kartapranata, CC BY-SA 3.0
https://commons.wikimedia.org/wiki/File:Warung_in_Garut.JPG
Aneka macam buah-buahan (1) by Wagino 20100516, CC BY-SA 3.0
https://commons.wikimedia.org/wiki/File:Aneka_macam_buah-buahan_(1).JPG

Hypermarket Merkur Austria-Vienna Floridsdorf–05.04.2017 by Hyper nova, CC BY-SA 4.0
https://commons.wikimedia.org/wiki/File:Hypermarkt_Merkur_%C3%96sterreich_-_Wien_Floridsdorf_-_05.04.2017_-_6.jpg

### Pelajaran 9

p146 *Sate ayam* by Shinta amalia, CC BY-SA 4.0
https://commons.wikimedia.org/wiki/File:Sate_ayam.jpg
*Nasi Goreng in Bali* by christian razukas, CC BY-SA 2.0
https://commons.wikimedia.org/wiki/File:Nasi_Goreng_in_Bali.jpg
*Soto Ayam home-made* by Gunawan Kartapranata, CC BY-SA 3.0
https://fr.m.wikipedia.org/wiki/Fichier:Soto_Ayam_home-made.JPG
*Mi Goreng GM* by Gunawan Kartapranata, CC BY-SA 3.0
https://commons.wikimedia.org/wiki/File:Mi_Goreng_GM.jpg
*Gado-gado in Jakarta* by akurai Midori, CC BY 3.0
https://commons.wikimedia.org/wiki/File:Gado-gado_in_Jakarta.JPG

### Pelajaran 10

p173 *GENDANG* by Smktsz, CC BY-SA 4.0
https://commons.wikimedia.org/wiki/File:GENDANG.jpg
*Gamelan Laras Slendro Si Ketuyung* by Midori, CC BY-SA 3.0
https://commons.wikimedia.org/wiki/File:Gamelan_Laras_Slendro_Si_Ketuyung.jpg
*Kenong* by Tropenmuseum, CC BY-SA 3.0
https://commons.wikimedia.org/wiki/File:COLLECTIE_TROPENMUSEUM_Model_van_een_gong_van_koper_hangend_in_een_frame_onderdeel_van_een_gamelan-orkest_TMnr_A-4394d.jpg
*Angklung angklung* by Kamillo, CC BY-SA 3.0
https://commons.wikimedia.org/wiki/File:Angklung_angklung.jpg
*Kacapi-suling-full* by DiN, CC BY-SA 3.0
https://commons.wikimedia.org/wiki/File:Kacapi-suling-full.jpg

## 인도네시아어 표준 교재 A1


| | |
|---|---|
| 초판 인쇄 | 2019년 11월 20일 |
| 초판 발행 | 2019년 11월 27일 |

| | |
|---|---|
| 지은이 | 김장겸 |
| 발행인 | 김인철 |
| 총괄 · 기획 | 가정준 Director, University Knowledge Press |
| 편집장 | 신선호 Executive Knowledge Contents Creator |
| 기획 · 물류 | 이현진 Planning Expert |
| 사전 · 도서편집 | 정준희 Contents Creator |
| 전자책 · 도서편집 | 장혜린 Contents Creator |
| 도서편집 | 이병철 Contents Creator |
| | 이근영 Contents Creator |
| 재무관리 | 하누리 Managing Creator |
| 발행처 | 한국외국어대학교 지식출판콘텐츠원<br>02450 서울특별시 동대문구 이문로 107<br>전화 02)2173-2493~7<br>팩스 02)2173-3363<br>홈페이지 http://press.hufs.ac.kr<br>전자우편 press@hufs.ac.kr<br>출판등록 제6-6호(1969. 4. 30) |
| 디자인 · 편집 | (주)이환디앤비 02)2254-4301 |
| 인쇄 · 제본 | 네오프린텍(주) 02)718-3111 |

ISBN 979-11-5901-643-1 14790 정가 29,000원
ISBN 979-11-5901-650-9 (세트)

*잘못된 책은 교환하여 드립니다.





HU:iNE은 한국외국어대학교 지식출판콘텐츠원의 어학도서, 사회과학도서, 지역학 도서 Sub Brand이다. 한국외대의 영문명인 HUFS, 현명한 국제전문가 양성(International +Intelligent)의 의미를 담고 있으며, 휴인(携引)의 뜻인 '이끌다, 끌고 나가다'라는 의미처럼 출판계를 이끄는 리더로서, 혁신의 이미지를 담고 있다.

이 책의 음원(mp3)은 한국외국어대학교 지식출판콘텐츠원 홈페이지 (press.hufs.ac.kr) - 게시판 - 자료실에서 다운받아 사용하시기 바랍니다.